Achtsam leben mit Hochsensibilität

Die Originalausgabe erschien 2010 bei Uitgeverij Ten Have, Baarn/NL unter dem Titel:
Aandachtig leven met hooggevoeligheid. Oefeningen en meditaties.
Umschlaggestaltung unter Verwendung des Umschlags der Originalausgabe
von Marion Rosendahl
Photo Autorin: Hélène de Bruijn, Photo Sprecherin: privat
Sprachaufnahmen + Mischung: KlangUnion (Christian Köhler), Sprecherin Jennie Appel
Musikaufnahme: Black Eagle Muzik, Rüti, Schweiz, Musik: Gregor Lenz

Susan Marletta-Hart:	Übersetzung: Frank Ziesing
Achtsam leben mit Hochsensibilität	Lektorat: Adele Gerdes
© Aurum in J. Kamphausen Verlag &	Layout/Satz: Wilfried Klei
Distribution GmbH, Bielefeld 2011	Druck & Verarbeitung:
info@j-kamphausen.de	fgb · freiburger graphische betriebe

www.weltinnenraum.de

2. Auflage 2011

Bibliografische Information der Deutschen Nationalbibliothek

Die Deutsche Nationalbibliothek verzeichnet diese
Publikation in der Deutschen Nationalbibliografie;
detaillierte bibliografische Daten sind im Internet
über **http://dnb.d-nb.de** abrufbar.

ISBN 978-3-89901-430-3

Dieses Buch wurde auf 100 % Altpapier gedruckt und ist alterungsbeständig.
Weitere Informationen hierzu finden Sie unter www.weltinnenraum.de

Susan Marletta-Hart

Achtsam leben
mit Hochsensibilität

Übungen und Meditationen

AURUM

Für Mara und Malú

Vorwort

Dieses Buch, zusammen mit der CD, ist aus meinem tiefen Wunsch entstanden, hochsensiblen Menschen zu helfen, ihr authentisches Selbst zu finden. Auch Leser, die sich nicht als ausgesprochen hochsensibel betrachten, sich aber dennoch in der Hektik des Alltags regelmäßig verloren, überrumpelt oder unter Druck gesetzt fühlen, werden in diesem Buch samt CD Unterstützung und Ermutigung finden.

Mit diesem Buch und dieser CD möchte ich dir den Weg zu mehr Ausgeglichenheit, Energie und Lebensfreude zeigen. Dazu bitte ich dich, die Ratschläge unvoreingenommen zu lesen und anzuhören. Deine Sensibilität ist wie ein Licht, das vorsichtig und doch ununterbrochen auf Bereiche leuchtet, die du manchmal lieber nicht sehen möchtest. Indem du deine Sensibilität nicht länger zu einem Leidensweg machst, sondern sie als Kompass nutzt, gelangst du auf den Weg zu Selbsterfüllung, Selbstvertrauen und Lebensfreude. Ich helfe dir, nach innen zu gehen und aufmerksam wahrzunehmen, was in dir lebt.

Nutze dieses Buch und diese CD, um deine Energie besser zu „managen" und zu lernen, Quantität von Qualität zu unterscheiden, mit Grenzverletzungen umzugehen und deine Andersartigkeit willkommen zu heißen.

Ich wünsche dir viel Licht – und möge dein Herz beim Lesen des Buchs und Hören der CD angesprochen werden.

Susan Marletta-Hart

Einleitung

Schon seit einiger Zeit trage ich mich mit dem Gedanken, eine geführte Meditation für Hochsensible zu schreiben. Es erschien mir sinnvoll, hochsensiblen Menschen neben meinen Workshops, meinem Online-Coaching und den Büchern etwas an die Hand zu geben, das noch direkter ihr Herz anspricht. Seit 2005 gebe ich Workshops und Trainings für Menschen, die sich als überdurchschnittlich sensibel empfinden und damit im Alltag zu kämpfen haben. Ich arbeite mit Themen wie sich erden, seine Grenzen setzen, in beruflichen Situationen überleben und intuitiv kommunizieren.

Die Nachfrage nach diesen Workshops hält unvermindert an, und es gibt mir viel Erfüllung, mit sensiblen Menschen zu arbeiten. Nun ging es mir darum, etwas zu entwickeln, das ihnen außerhalb meiner Workshops und Seminare als zusätzlicher Leitfaden dient.

Erstaunlich viele Menschen sehnen sich gegenwärtig nach mehr Ruhe, Tiefgang und Zeit, um zu sich selbst zu kommen. Häufig bleibt es bei einem Wunsch; Stress, Termindruck, Sorge um den Arbeitsplatz und vielerlei andere Formen äußeren Drucks führen heute viel zu häufig zu Ermüdung, Selbstzweifeln, Depressionen und Burnout.

So oft du nur willst, zu jedem Zeitpunkt des Tages kannst du – und tue es bitte auch! – dir die Meditationen anhören und die Worte zu deinem tiefsten Wesen vordringen lassen. Lass dich mitnehmen auf eine Reise zu deiner eigentlichen Größe und erfahre, warum diese Reise unumkehrbar ist. Dass du dieses Buch und diese CD nun in Händen hältst, ist ein Beweis: Du hast mit dieser Reise schon begonnen – du bist schon unterwegs.

Die Botschaft dieses Büchleins und dieser CD, und die Botschaft, die deine Hochsensibilität für dich hat, sind eine wundervolle Einladung, bei dir selbst einzukehren, dir selbst näher zu kommen und dir in liebevoller Akzeptanz zu begegnen. Deine Seele will dich mit Hilfe deines Körpers und deiner Empfindlichkeit zu dieser Erfahrung hinführen. Unsere Empfindlichkeit ist wie ein Leuchtturm am Ufer, der dem schaukelnden Boot auf hoher See das Signal gibt: Schau, hier an Land bist du zu Hause, hier ist es gut.

Mit diesem Büchlein und dieser CD möchte ich dir zeigen, wie du das Gefühl, der reizüberflutenden Außenwelt machtlos ausgeliefert zu sein, loslassen kannst und entscheiden kannst, dich nach innen zu wenden. Das bedeutet: buchstäblich in deinen Körper, zu dir selbst … Wende der täglichen Hektik einen Moment den Rücken zu und gehe sanft nach innen. Entscheide bewusst, das Übermaß unkontrollierbarer Reize, ungelöster Probleme und kleiner Ärgernisse hinter dir zu lassen und betrete die reine Landschaft deiner Innenwelt.

Die erste Meditation auf der CD ist eine Art ‚Anregungsmittel' für Hochsensible. Die Klänge der Musik unterstützen den autosuggestiven Text und bringen dich in einen angenehm entspannten Zustand. Es macht nichts, wenn du ab und zu dabei einnickst. Die Worte erreichen dich über dein Unterbewusstsein und wirken auf dieser Ebene.

Die zweite Meditation führt dich über verschiedene Orte zu jenem Ort, den du mit deinem „königlichen Selbst" verbindest. Die Form basiert auf *Yoga-Nidrâ*, einer Yoga-Methode, die auch „Schlaf des Yogis" genannt wird. Genieße diese Trance-Reise zu deiner inneren Landschaft und deinem eigentlichen Wesenskern!

Die Berichte in diesem Buch stammen aus vielen Gesprächen und E-Mail-Kontakten, die ich mit Hochsensiblen hatte. Ich bin ihnen dafür sehr dankbar. Namen und Altersangaben wurden geändert, um eine Identifizierung auszuschließen. Zu Verbesserung der Lesbarkeit habe ich die Texte stellenweise redigiert.

(Apropos) überleben

Ich würde so gerne in meine authentische Kraft kommen,
statt jeden Tag aus meiner Mitte geworfen zu werden.

Zeit für und mit sich selbst – häufig bleibt das ein Wunsch. Zu viel
Stress, ein hohes Lebenstempo, alle möglichen Arten äußeren Drucks
(häufig versteckt in attraktiven Verpackungen) führen gegenwärtig bei
vielen Menschen zu Ermüdung, Selbstzweifeln, Depressionen und Burnout. Je mehr Wohlstand und Luxus wir erlangen, desto weniger spüren
wir unser Leben. Wir hasten von einem Genuss zum nächsten und von
einer Verpflichtung zur nächsten – und fühlen uns mehr und mehr uns
selbst entfremdet. Geistig und körperlich ausgebrannt zu sein – dieses
Gefühl erzeugt eine Atmosphäre von Irritation, Unzufriedenheit und
Widerstand, im Privatleben wie im Beruf, in Familien wie in Unternehmen.
Hochsensible wie Normalsensible kämpfen gleichermaßen mit Hektik,
Stress und hohen Erwartungen, doch sensible Menschen leiden signifikant
stärker unter Reizüberflutung, erhöhtem Lebenstempo und Negativität.

Was genau ist Hochsensibilität?

Studien zeigen: Etwa 15 bis 20 Prozent der Menschen haben ein sensibleres Nervensystem als der Durchschnitt. Sie nehmen mehr Reize wahr und beziehen mehr Information aus ihrer Umgebung als andere. Dieses Phänomen kommt bei Männern und Frauen gleich häufig vor; man findet es sogar unter Tieren. Die Informationsverarbeitung einer *Highly Sensitive Person (HSP)*, wie diese Menschen manchmal genannt werden, arbeitet auf die eine oder andere Art weitreichender und differenzierter als beim Durchschnitt. Was da im Einzelnen anders abläuft, ist noch nicht völlig geklärt.

Hochsensible haben nicht etwa schärfere Sinnesorgane, aber sie verarbeiten die hereinkommende Information ausführlicher. Für viele Hochsensible (den einen mehr als den anderen) bedeutet der Alltag mit seinen üblichen Aktivitäten und Begegnungen ein stetes Ringen. Wie auch bei Autisten kommt bei ihnen häufig zu viel Information gleichzeitig an. Und wie bei Autisten können Extreme im sozialen Kontakt auftreten: einerseits zu offen und verletzlich zu sein und andererseits zu verschlossen.

In der Praxis zeigt sich: Die Art und Weise, wie der Einzelne mit der täglichen Überdosis an Reizen umgeht, ist ganz individuell; sie hängt ab von den weiteren Persönlichkeitsmerkmalen eines Menschen, beispielsweise von seinen anderen Charaktereigenschaften oder von seiner Erziehung. Hochsensibilität ist nur eine Eigenschaft unter vielen anderen.

Es ist darum eine Illusion zu glauben, Hochsensible seien sich in allen Dingen ähnlich.

Andererseits sind die Probleme, die die Eigenschaft der Hochsensibilität verursacht, wiederum doch recht universell. Diese Eigenschaft hat mehr Konsequenzen, die bis in kleinste Details (wie könnte es auch anders sein) unsere Lebensführung und Überlebensstrategien beeinflussen, als uns lieb ist. Als Hochsensibler ist man häufig besinnlicher, tiefer, träumerischer, bewusster als die weniger sensiblen Mitmenschen; doch man ist auch schneller gestresst, unsicher, ängstlich oder schüchtern.

Nach meiner Auffassung fahren Hochsensible am besten mit ihren ureigenen Strategien. Ihre optimale Strategie ist, die Dinge auf eigene Art und Weise und in eigenem Tempo zu tun. Wenn ihnen genügend Zeit zur Verfügung steht, um all die Details, die Nuancen und Facetten zu verarbeiten, und sie Raum haben, um sich in den Mikrokosmos wundervoller Farben, Energien und Feinheiten zu begeben, dann sind Hochsensible vielfach völlig zufrieden mit kleinen Dingen.

Hochsensible Kinder

Eltern, Lehrer und Sozialarbeiter bemerken, dass immer mehr sensible und hochsensible Kinder geboren werden. Auch nimmt die Anzahl von Autisten noch immer zu. Hochsensiblen Kindern nutzt eine gute Betreuung immens. Dabei ist es schon entscheidend, sich diesen besonderen

Kindern zu öffnen; denn oft wissen sie selbst am besten, was sie benötigen. Diese Kinder kommen mit einer reinen Weisheit auf die Erde; sie haben eine bildschöne, wahrhaftige Ausstrahlung – und sie haben sehr viel Liebe zu geben, wenn wir dem nicht im Weg stehen. Diese Kinder benötigen Verständnis und ein offenes, interessiertes Ohr. Ich kann mich nur darüber wundern, wie schlecht unsensible Erwachsene nachfühlen, was diese Kinder brauchen.

HSP-Kinder sind gegenüber *HSP*-Erwachsenen in dem Sinne im Vorteil, dass Kenntnisse und Verständnis dieser besonderen Eigenschaft in den letzten Jahren stark zugenommen haben. Erst spät oder gar nicht erkannte Hochsensibilität ist häufig eine Ursache von Phobien, Unsicherheit, Depressionen und vielen weiteren psychischen Störungen. Gerade weil Hochsensible so aufmerksam sind, passen sie sich so gut wie möglich den Wünschen und Erwartungen ihrer Umgebung an, was schnell zu einer Diskrepanz zwischen ihrer Innen- und Außenwelt führt.

Das ist auch der Grund dafür, dass hochsensible Menschen vielfach so etwas sagen wie: „Ich würde so gerne in meine authentische Kraft kommen, statt jeden Tag aus meiner Mitte geworfen zu werden." Oder: „Ich hoffe, dass meine Hochsensibilität sich irgendwann wie eine Gabe anfühlen wird und eine Hilfe ist, um das Leben reicher und bewusster zu erleben."

- Hochsensible hören, fühlen, riechen, schmecken und sehen besonders viele Nuancen.
- Die vielen Details überwältigen und stören sie oft.
- Sie spüren Stimmungen anderer sehr deutlich.
- Sie haben eine reiche innere Erlebniswelt.
- Sie träumen, fantasieren und betrachten ziemlich viel.
- Hochsensible können besonders sorgfältig, bewusst und aufrichtig sein.
- Sie brauchen überdurchschnittlich viel Zeit zur Verarbeitung und zur Erholung.
- Sie können tief berührt werden durch Kunst und Schönheit.
- Sie fühlen sich in der Natur zuhause und sind mit ihr verbunden.
- Sie brauchen Stille, Ruhe und einen übersichtlichen Lebensrhythmus.

Allein sein

Allein zu sein ist eine fixe Idee für mich geworden. Ich denke ständig: Wann habe ich endlich Zeit für mich?

Ihr Umfeld – die Menschen und die Umgebung – hat großen Einfluss und starke Wirkung auf Hochsensible. Deshalb ist es für Hochsensible so wichtig, die meiste Zeit in einer Umgebung zu verbringen, die zu ihnen passt. Diese sollte grundsätzlich so sein, dass du dich als Hochsensibler sicher fühlst und dass du gefördert wirst. Das gilt für deine Wohnsituation (Einrichtung und Atmosphäre) ebenso wie für deine Hausgenossen, Kollegen und Freunde.

Wenn du fünf Tage pro Woche gemeinsam mit Menschen arbeiten musst, die laut, grob, feindselig oder frustrierend auf dich wirken, dann beeinträchtigt dich das. Wie lange willst du das aushalten? Wenn du eine anstrengende Familie hast und in eurer Wohnung kein Ort ist, an den du dich regelmäßig zurückziehen kannst, dann beeinträchtigt dich dein Familienleben. Wie sehr du auch deine Kinder und deinen Partner magst, ohne Zeit und Raum für dich wirst du zu viel Stress aufbauen.

> *Jede Mutter wird das wohl sagen, aber ich habe wirklich tolle Kinder. Sie sind lieb, verständnisvoll, klug, humorvoll, beteiligen sich an den Dingen, mögen einander und haben Achtung vor anderen Menschen. Wirklich phantastische Jungen. Trotzdem bin ich immer froh, wenn sie ein Wochenende mal nicht kommen. Lange habe ich mich dessen geschämt und fragte mich, ob ich sie vielleicht gar nicht liebe (das musste es doch wohl bedeuten?), aber davon kann keine Rede sein. Es ist der Trubel, die Fülle, das Nichtentkommenkönnen, die ständige Unterbrechung meiner Gedanken- und Erlebenswelt. Diese innere Welt brauche ich, um zur Ruhe zu kommen. Es ist so oft passiert, dass wir zu viert am Tisch saßen und ich aufrichtig versuchte, bei der Geselligkeit*

und dem Trubel mitzumachen, aber irgendwann einfach nur in Tränen ausbrach. Als würde im Inneren ein Schalter umgelegt, es war aus, ich konnte nicht mehr. All das Getöse, das Gerede, die dröhnenden Lachsalven, das Geklapper mit Messer und Gabel und, last but not least: die Essgeräusche!

Wenn Menschen zu Besuch sind, kann ich mich nicht davon lösen, was sie tun und ausstrahlen. Es geht nicht nur um die Geräusche, sondern auch um das, was unsichtbar von ihnen ausgeht. Ab einem bestimmten Moment fühle ich mich dann immer ganz erschöpft.

(Eveline)

Wenn wir hochsensibel sind, werden wir das vermutlich auch immer bleiben. Auch in Zukunft werden wir noch oft von Eindrücken überwältigt werden. Doch es gibt Strategien, die uns helfen können, im Leben die Oberhand zu behalten, und die den Weg zu tiefer Erfüllung und dauerhaftem Glück ebnen.

Hochsensibilität ist keine Mode-, sondern eine Zeiterscheinung

Immer schon gab es sehr sensible Menschen. Doch ein *Thema* ist Hochsensibilität aufgrund von Faktoren geworden, die mit unserer heutigen Zeit zu tun haben: das überall zunehmende Tempo, die allgemeine Schnelllebigkeit, der Alltag voll Hektik und Stress, die großen Städte mit ihren steten Verlockungen und Reizen, und nicht zuletzt die noch recht junge, expandierende multimediale Kommunikations- und Erlebniswelt. Hochsensibilität als Persönlichkeitseigenschaft ist einfach *ans Licht getreten.* Je mehr Reize vorhanden sind, desto mehr Menschen werden sich ihrer Sensibilität bewusst. Je länger diese Reize dauern, desto mehr Menschen *leiden darunter oder scheitern.* So einfach liegen die Dinge.

Die Menge der Aufgaben, die ich als Mutter, Ehefrau und Arbeitnehmerin habe, das Hin- und Herschalten von einer zur anderen, der Overkill an Information auf allen möglichen Gebieten, die Freundeskreise, Hobbys und Aktivitäten der Kinder, die nie aufhören, und alles, was dazu vorbereitet und gekauft werden muss (Sportsachen, Geschenke,

Kleidung usw.). Und dann noch der Trubel, die Geräusche und die Geschwindigkeit, mit der alles abläuft! Das hat zu der Überspannung geführt, in der ich mich befinde. Abends kann ich niemandem mehr zuhören, denn meine Energie ist dann völlig aufgebraucht.

(Sabine, 47 Jahre alt)

Ich fühlte mich so mitgenommen durch die Gefühle meiner Kollegen. Es schien, als ob alles, was sie dachten, bei mir besonders stark einschlug. Ich wusste nach einiger Zeit wirklich nicht mehr, ob das, was ich dachte, wohl noch wahr war. Ich fühlte mich immer tiefer in einem Sumpf einsinken. Mit bleischweren Schuhen ging ich zur Arbeit. Innen schrie ich, doch äußerlich ließ ich unverändert den ruhigen gewissenhaften Bernd heraushängen. So ging das einige Monate. Zuhause musste ich ganz viel abreagieren. Ich wurde nach und nach labiler. Bis meine Frau sagte: Stopp, so geht das nicht mehr!

Ich habe es dann eine Zeit lang mit Meditation probiert. Das gab mir Ruhe und ein angenehmes Dahindämmern, was ich damals wohl mochte. Später aber nicht mehr. Jetzt orientiere ich mich neu. Ich glaube, dass mir diese Erfahrungen zu etwas Wesentlichem verhelfen sollen und ich lernen muss, dieses Zerfließen, das es schon so lange gibt, wie ich zurückdenken kann, in den Griff zu bekommen.

(Bernd, 36 Jahre alt)

Uns beeinflussen nicht nur greifbare und sichtbare Reize. Auch weniger gut Erklärbares wird von Hochsensiblen bemerkt (oft unbewusst). Auf diese Dinge zu hören ist schon eine richtige Kunst. Doch anschließend adäquat damit umzugehen, ist noch ein ganz anderes Thema. Der Umgang mit emotioneller Sensibilität, die ausgeprägte Fähigkeit, sich in andere einzufühlen, sich mit anderen auf tiefem Niveau zu verbinden, macht das Leben einerseits sehr reich, andererseits sehr schwierig. Wichtig ist, dass wir lernen, auf unsere intuitiven Signale zu achten, auf unseren inneren Kompass.

Viele Hochsensible suchen Coaching auf diesem Gebiet. Sie wollen wissen, wie sie ihre Grenzen besser schützen können, weniger von negativen Stimmungen anderer beeinflusst werden und unabhängig von der Situation bei sich selbst bleiben können.

Wir ticken normal,
nur die Uhr läuft schneller

Eigentlich ist Sensibilität eine normale Eigenschaft von Mensch und Tier. Einfühlen, einschätzen, mitfühlen, tiefe Gefühle empfinden – all das ist dem Menschen über die Jahrhunderte erhalten geblieben und ist ihm in vielerlei Hinsicht von Nutzen. Mehr noch, diese Eigenschaft ist eigentlich grundlegend für die menschliche Entwicklung.

Sensibilität ist nützlich, um unseren Lebensbereich abzutasten, um Gefahren einzuschätzen, um andere zu ,beschnuppern', um gemeinsam in Trance zu tanzen, zusammen in Gelächter auszubrechen, die giftige Frucht zu erkennen, die Sterne zu deuten, Heilkräuter aufzuspüren, und nicht zuletzt, um einen gesunden und attraktiven Sexualpartner zu finden. Dazu nutzen wir unsichtbare Tentakel, mit denen wir schmecken, riechen, hören, fühlen ... und (vorher)sehen ... Diese sensible Wahrnehmung dient Mensch und Tier primär zur Maximierung von Überlebens- und Fortpflanzungschancen. Bis zu diesem Punkt ist Sensibilität nichts Unnormales. Jedoch im letzten halben Jahrhundert begann die Welt, sich schneller und schneller zu drehen – und langsam gleichsam durchzudrehen; und Hochsensible wurden zum ,Kollateralschaden' dieser Entwicklung: Sie verlieren die Bodenhaftung, heben ab ... und riskieren eine Bauchlandung, irgendwo in einer neuen Spielweise von Bewusstsein.

Tentakel, die sich in das anders seiende Sein tasten

„… Ausgestattet, o weh, mit viel zu vielen Tentakeln, die im anders seiende Sein tasten", dichtet Vasalis („Gleichzeitig" aus: M. Vasalis, *De oude kustlijn*, 2002). Sie sagt es so schön, wie sie so vieles so schön sagt: Die Tentakel, das Anders-Sein, das Verlangen, sich mit anderen (höheren) Dimensionen unseres Selbst zu verbinden … So umschreibt Vasalis Hochsensibilität in einem einzigen wundervollen Satz.

In den letzten Jahrzehnten wurden neue Entwicklungen deutlich: Menschen werden bewusster. Menschen erlangen mehr Freizeit, und manche füllen diese mit sinnvollen Tätigkeiten aus. Weltweit wurden heilige, apokryphe und mystische Texte einem großen Publikum zugänglich. Der von vielen geschmähte Individualismus hatte nicht nur negative Konsequenzen, sondern auch positive. Wir sind nachdenklicher geworden, machen uns mehr Gedanken: über die Umwelt, über Nachhaltigkeit, über einen gesunden Planeten, über unsere Mitmenschen.

Es verändert sich vieles …

Meine Sehnsucht nach einem paradiesischen Leben ist enorm. Wie kann ich aus dem Irdischen: aus Krankheit, Tod, Langeweile, Routine usw., etwas Schönes machen? Ich habe Schwierigkeiten mit all den Formen von Gewalt, Intoleranz, und Frustration, die so deutlich hervortreten. Das macht mich traurig und frustriert. Mit stechenden Kopfschmerzen, viel Weinen und totaler Erschöpfung bin ich im Burnout gelandet. Meine Frage ist jetzt: Wie kann ich der Erde etwas bedeuten, ohne meiner spirituellen Seite dafür den Garaus zu machen.

(David, tätig bei Ärzte ohne Grenzen, 29 Jahre alt.)

Eigentlich wissen wir tief in unserem Inneren, was wir brauchen, um uns besser zu fühlen und diese Welt besser zu machen. Eigentlich wissen wir auch, wir haben tief in uns einen Kompass, der uns leitet. Die große Herausforderung ist, mit unserem Inneren wieder neu in Kontakt zu kommen, ohne die Angst, für merkwürdig oder gar verrückt gehalten zu werden. Wir können unsere Sensibilität als Lichtquelle nutzen, die vorsichtig aber stetig jene Stellen ausleuchtet, die in der Vergangenheit zu wenig sichtbar waren. Indem wir aufhören, aus unserer Sensibilität einen Leidensweg zu machen, und anfangen, sie als Kompass zu nutzen, gelangen wir von selbst auf einen Weg zu Selbsterfüllung, Selbstvertrauen und Lebensfreude.

Bis wir auch für andere ein scheinendes Licht sein werden.

Qualität oder Quantität

Mein Körper zwingt mich, den Mut aufzubringen, Lebensqualität vor Quantität zu wählen.

(Marlies, Studentin, 23 Jahre alt)

Marlies ist eine junge, selbstbewusste, hochsensible Frau, die bereits mit 15 Jahren am chronischen Erschöpfungssyndrom erkrankte. Sie suchte meine Hilfe, nachdem sie sich im Persönlichkeitstypus HSP wiedererkannt hatte.

Nachdem ich mit fünfzehn chronische Erschöpfung (CFS/ME) bekam, habe ich zahllose Bücher dazu gelesen. Alle zwar mit wiedererkennbaren Geschichten, aber doch nie so ganz passend. Bis mir mit neunzehn Ihr Buch in die Hände fiel. Alles fiel auf seinen Platz und endlich konnte ich mir meine chronischen Erschöpfungsprobleme richtig erklären. Dadurch bin ich innerlich ein Stück ruhiger geworden und wage immer mehr, für mich selbst einzustehen.

Für mich selbst einzustehen, geht allerdings nicht von alleine. Als junge Frau möchte ich tun, was andere in meinem Alter auch tun: Partys feiern und spät ausgehen. Doch als ich zum soundsovielten Mal überwältigt von einer riesigen Gefühlswelle jammernd auf meinem Bett lag, schrie ich: „Jetzt ist aber genug! Ich hab' die Nase gestrichen voll."

*Ich rief es in den leeren Raum, Richtung Universum. Es sollte mir
verdammt noch mal einmal helfen, denn ich wusste nun wirklich
nicht mehr weiter. Ich war so fertig mit mir selbst ...*

Vielleicht hast du, so wie Marlies, das Bedürfnis, deinen Fokus von
Quantität (mehr Geld, mehr Dinge, mehr Freunde, mehr Urlaub, mehr
Freizeit, mehr Persönlichkeitsentwicklung) zu Qualität zu verlagern?
Dann stellt sich schnell die Frage, was Qualität für dich bedeutet. Und
damit hängen Fragen zusammen, wie: Was bedeutet Lebensqualität für
dich persönlich? Was genau erwartest du vom Leben? Was möchtest du
eigentlich anderen *geben*? (Statt: Was willst du von ihnen *bekommen*?)
Was ist für dich die Essenz? Worauf willst du deine Aufmerksamkeit
wirklich richten?

Aufmerksamkeit

Deinen eigenen einzigartigen Weg zu finden, ist weniger schwierig, als du denkst. Der Schlüssel dazu ist Aufmerksamkeit. Man kann lernen, sich mit sanftem Druck dazu zu bringen, still zu werden. Indem wir uns immer wieder daran erinnern, sorgfältiger, langsamer und bewusster zu werden. Still werden, meditieren, aufmerksam anwesend sein. Wenn man alle Aufmerksamkeit, derer man fähig ist, auf eine bestimmte Beschäftigung richten kann, merkt man: Diese Beschäftigung, wie einfach sie auch erscheinen mag, erhält ein ganz anderes Aussehen und fühlt sich wertvoll an. Sie beginnt zu atmen und zu leben. Sie löst sich von einem und ist doch mit einem verbunden.

Indem man sogenannte alltägliche Dinge mit voller Aufmerksamkeit tut, fällt die Hetze zur nächsten Tätigkeit von einem ab und der Zwang des „Muss" verschwindet. Aufmerksam sein – aufmerksam spüren – nach innen gehen und sich fragen: Was lebt dort?

... für uns selbst

Gehe mit jedem Augenblick, jedem Gedanken, jedem Gefühl sorgsam um, dann hältst du Sorgen von dir ab. Aufrichtige Aufmerksamkeit für sich selbst und die eigenen Bedürfnisses hat nichts – und hier irren sich viele – mit Egoismus zu tun. Ganz im Gegenteil: Respekt und Verständnis für sich selbst kann *gerade* sehr gut einhergehen mit Respekt und Verständnis für andere. Wenn man sich selbst aufrichtig wahrnimmt, wird man höchstwahrscheinlich auch andere in ihrer authentischen Wahrheit besser wahrnehmen.

... für andere

Je mehr wir unsere eigene Seele gefunden haben, desto mehr neigen wir dazu, andere auf ihre Seelenwünsche anzusprechen. Es kommt zu einer Art von Verschiebung auf vielen Ebenen: Zum Kern der Dinge zu gelangen, spielt eine zunehmend größere Rolle. Für manche Hochsensible ist das selbstverständlich; für andere, die noch damit ringen, was sie in ihrem tiefsten Wesen sind, ist es eine Zukunftsperspektive.

> *Ich merke, dass ich in Menschen eigentlich selbstverständlich die Seele suche und sie auf diese Weise anspreche. Diese Erkenntnis ist noch ziemlich neu und macht mir bewusst, dass viele Menschen das nicht tun. Dadurch kann ein Gesprächspartner sich entweder unmittelbar*

*entspannen, Vertrauen fassen und seine Persönlichkeitsstrategien los-
lassen, oder in Widerstand verfallen, weil ihm die Sache zu schnell geht.
Letzteres erlebe ich mehr im Alltagsleben als in meiner Arbeit als Therapeutin, denn die Menschen, die zu mir kommen, sind ja motiviert, sich
zu öffnen, sonst kämen sie ja nicht.*

(Rose, Therapeutin)

Aufmerksamkeit funktioniert auch bei Kleinigkeiten. Ein Lächeln, ein
Kompliment, eine hilfreich gereichte Hand. Bedenke, dass jede positive
Geste dazu beiträgt, das ganze Universum zu verändern. Der Tropfen
löst sich im Ozean auf, aber auch der Ozean im Tropfen.

*Ich habe eine Fitness-Trainerin, die es jedes Mal schafft, dass ich in mei-
nen Fähigkeiten über mich hinauswachse. Dank ihrer Hilfe habe ich eine
bessere Kondition bekommen und fühle mich jeden Tag fitter. Einmal lief
ich nach der Stunde zu ihr und sagte ihr, sie sei die beste Lehrerin der
Sportschule. Ihre Wangen nahmen Farbe an, sie begann zu strahlen, als
würde sich der Himmel öffnen, und antwortete: „Vielen Dank!" Was ein
Kompliment einem Menschen nicht alles bedeuten kann.*

(Adelheid, 16 Jahre alt)

Übung: Nichts tun

Nimm dir in den kommenden drei Tagen mindestens drei mal zehn Minuten die Zeit, um ungestört auf dem Sofa zu sitzen und nichts zu tun. ‚Nichts tun' bedeutet wirklich: nichts tun. Wenn du in der Woche sehr beschäftigt bist, umso besser.

Stelle den Wecker und habe eventuell Papier und Stift zur Hand. Tue nichts, nimm ausschließlich wahr.

Welche Unruhe kommt in dir hoch, wenn du nichts tust?

Welche Gedanken und Gefühle bewegen dich?

Was zieht dich aus dem Hier und Jetzt?

Notiere diese Dinge, wenn du dazu das Bedürfnis spürst. Beachte sowohl dein körperliches, geistiges, emotionales als auch dein energetisches Befinden. Versuche, das alles, so gut es geht, zu unterscheiden. Schreibe nach den zehn Minuten zu allen vier Aspekten auf, was dir aufgefallen ist.

Kurz- und Langzeitüberreizung und ein Rettungsset

Wenn du über einen kurzen Zeitraum überreizt bist, warst du zwar nur *kurze Zeit*, aber *trotzdem* zu lange einem Stressfaktor ausgesetzt.

Beispiele von kurzzeitiger Überreizung sind: zu lange auf einer Party gewesen sein, einen zu langen Arbeitstag gehabt zu haben, zu lange im Verkehr unterwegs gewesen zu sein, zu lange unter Kindern gewesen zu sein, die übermäßig Aufmerksamkeit forderten, und dergleichen.

Bei jeder Form von Überreizung (und bei Hochsensiblen auch beim geringsten Vorkommen davon!) produziert der Körper sofort Stresshormone. Die wichtigsten davon sind Adrenalin, Noradrenalin, Cortisol, Dopamin, Prolactin und Endorphin. Außerdem wird der Sympathicus des vegetativen Nervensystems aktiviert. Das ist der Teil des Nervensystems, auf den man keinen willentlichen Einfluss hat und der dafür sorgt, dass man in einen Zustand erhöhter Gefahrenerwartung kommt. Anders gesagt: Wir fühlen uns ruhelos und gejagt.

Reize gilt es zu einer ‚Gesamtsumme' zu addieren: Geräusche, Licht, Gedanken und Gefühle belasten zwar auf unterschiedliche Art, aber trotzdem doch gleichzeitig das Nervensystem. Viele Menschen, nicht zu vergessen besonders jüngere, nutzen Opiate, Drogen und Alkohol, um den Überfluss der Reize von den Stressreaktionen des Körpers abzukoppeln. Das ist der Hauptgrund, warum süchtig machende Mittel so beliebt sind, auch bei vielen Hochsensiblen.

Wenn ich ein Glas Wein (oder mehr) trinke, kann ich mich ziemlich gut und ruhig fühlen. Es gab einmal eine Zeit, in der ich richtig viel getrunken habe. Ich freute mich schon darauf, während des Abendessens ein

Glas zu mir zu nehmen und dann bald das Aufkommen von Entspan-
nung und das Relativieren der Dinge zu spüren. Unbemerkt nahm das
überhand und ich passe jetzt sehr gut auf. Während der Woche trinke
ich nichts und am Wochenende zwei Gläser. Aber ich kann mir sehr gut
vorstellen, dass jemand von Alkohol abhängig wird. Die Ruhe in einem
selbst, nach der man so verlangt, ist zum Greifen nah.

(Robert)

Jeder hat ein anderes Belastungsniveau, und auch Stress entwickelt sich bei jedem anders. Ruhe allein hilft häufig nur ungenügend. Effektiver ist ein individuell auf Maß geschneidertes Gegenprogramm. In solchen kritischen Momenten benötigt man sein persönliches *Rettungsset*.
Am Ende dieses Kapitels bekommst du die Chance, dein persönliches *Rettungsset* zusammenzustellen.

Langzeitüberreizung

Lang anhaltende Überreizung tritt auf, wenn über längere Perioden ein zu hohes Reizniveau besteht. Beispielsweise, wenn man sich zu lange in einer Arbeitssituation, in einer Beziehung oder in einer häuslichen Umgebung befindet, die einem nicht gut tut. Außerdem ist lang anhaltende Überreizung häufig die Folge eines ‚dürftigen Startkapitals'. Manchmal kommen wir schon überreizt auf die Welt, oder sind in der frühen Kindheit so viel Unsicherheit, Unbeständigkeit und Angst ausgesetzt, dass wir Überreizung als Normalzustand ansehen. Viele Hochsensible hatten schon in der Kindheit Probleme mit Stress, und viele Kinder fühlten schon vor der Geburt den Stress ihrer Mutter.

Lang anhaltende Überreizung kann zu Hormonstörungen und Unausgeglichenheit führen, die auf Dauer Persönlichkeitsveränderungen und zahllose körperliche und psychische Krankheiten hervorrufen, wie z.B. Depressionen. Wenn du dauerhaft überreizt bist, ist dir das vielleicht gar nicht bewusst, denn oft kennst du nichts anderes. Trotzdem wird dein Denken und Fühlen dadurch tiefgreifend beeinflusst und unbewusst bist du in deinem Gleichgewicht gestört.

Man kann lang anhaltende Überreizung konkret und effektiv angehen. Es kostet Zeit und Mühe, doch neue Anpassungsstrategien sind erlernbar und bewirken ein gesünderes inneres Gleichgewicht und größeres Wohlbefinden. Einsichten auf tiefen Ebenen und erheblich gestärkte Selbstliebe und Selbstakzeptanz sind die Bausteine der Heilung und des Wiederfindens körperlicher und psychischer Ausgeglichenheit.

Übung: Stelle dein Rettungsset zusammen

Ein gesundes Rettungsset beziehungsweise ein angemessenes Rettungsprogramm bei kurzzeitiger Überreizung ist für Hochsensible unentbehrlich. Um dein Programm auf Maß zu schneidern, musst du erst einmal untersuchen und herausfinden, was dich wieder auf ein angenehmes Niveau wacher Aufmerksamkeit bringt.
Um das zu verstehen, kannst du eine tabellarische Übersicht deiner Bedürfnisse anfertigen.

Nimm Stift und Papier zur Hand und schreibe untereinander die wichtigsten Sinnesbereiche:

- Hören

- Sehen

- Riechen

- Fühlen

- Schmecken

Anschließend schreibe pro Sinnesbereich auf, was du besonders angenehm findest. Das sind Geschmacksempfindungen, Geräusche, Gerüche usw., die dein Nervensystem in kurzer Zeit wieder auf ein angenehmes Niveau zurückbringen können.

Achtsam leben mit Hochsensibilität

Diese Empfindungen nähren dich besonders gut. Sie geben deinem System neuen Schwung oder bringen es zur Ruhe. Was auch gut funktioniert, sind bewusst eingebaute Riutale in Form einer morgendlichen Tasse Kaffee, eines täglichen Wohlgeruch-Spaziergangs in entsprechender Natur, einer Meditation zum Abschluss des Tages, einer wöchentlichen oder monatlichen Massage, einer zweimal wöchentlichen Sportstunde und dergleichen.

....

Was hilft mir, um Stress zu vermindern?

Hören: Mozart; alle Formen beseelender Musik, die dich persönlich ansprechen.

Sehen: Flackerndes Kerzenlicht, offener Kamin; alles, was in der Natur zu bewundern ist, und der Blick in die Ferne.

Geruch: Jasmin, Lavendel.

Fühlen: genügend Wärme, Geborgenheit, Massagen, Baden und Sauna.

Bewegung: Rhythmische Information bringt den Geist in einen höheren Harmoniezustand, der Stress abbaut: Tanzen, (Mantras) Singen, Spazierengehen und voll Dankbarkeit die Natur erleben, Joggen und Nordic Walking.

Sprechen: Reden baut immer Stress ab. Rede (oder schreibe) mit einem
Freund, mit deinem Hund oder mit dir selbst.

Schmecken: Gesunde Nahrung nährt dich mit irdischer Energie.
Wir haben unmittelbar die Assoziation, dass es uns gut geht.
Jeder Mensch hat seine Vorlieben in Bezug auf salzig, süß, sauer,
bitter oder scharf. Das verändert sich während unseres Lebens und
sagt viel über unseren körperlichen, geistigen und emotionalen
Zustand aus.

Energiemanagement

Energie ist etwas sehr Komplexes und gleichzeitig unkompliziert. Energie hat viele Erscheinungsformen. Alles besteht aus Energie. Wir können Energie als etwas Anwesendes wahrnehmen, als etwas Strömendes, als Wärme, als Aufmerksamkeit, als etwas, das Bewegung oder Veränderung zuwege bringt.

Jeder Mensch ist ein hochkomplexes Energiesystem, das mit der Außenwelt in Verbindung steht. Bei Hochsensiblen ist diese Verbindung durchlässiger als bei anderen Menschen. Dich und deine Beziehungen unter dem Aspekt von Energie zu betrachten hilft dir zu verstehen, warum du dich manchmal blockiert fühlst, manchmal leer oder manchmal, im Gegenteil, voller Energie.

Bei welchen Menschen und bei welchen Aktivitäten läuft deine Energie leer? Durch welche Begegnungen und Beschäftigungen wirst du überreizt? Wann bist du völlig erschöpft? Und wann fließt deine Energie so richtig? Wann fühlst du dich ganz in Harmonie mit dir selbst und deiner Umgebung?

Untersuche einmal Folgendes

Akupunkteure nutzen bei ihrer Diagnose zwei Grundbegriffe: *kyo* und *jitsu*. *Kyo* bedeutet: zu schwache, zu wenig Energie; *Jitsu* bedeutet: zu starke, zu viel Energie. *Jitsu*-Energie blockiert schnell den ganzen Energiehaushalt. Alles in deinem Leben kannst du aus dem Verständnis dieser beiden Begriffe betrachten. Deine Wohnung kann sich *jitsu* anfühlen, weil du schon jahrelang wenig weggetan oder aufgeräumt hast, während doch ständig neue Dinge hinzukamen. Die Hände mancher Menschen fühlen sich *kyo* an, wenn man ihnen die Hand gibt. Ein Terminplan ist häufig *jitsu* … Sind deine Füße *kyo*? Ist eine Begegnung für dich *kyo* oder *jitsu*?

Und manchmal gibt es ein Gleichgewicht. Das nenne ich *flow*. Dann strömt liebevolle Energie von einer Person zur anderen, oder von dir zu deiner Arbeit und zurück zu dir, oder innerhalb deiner selbst.

Das Lernen, den eigenen Körper gut wahrzunehmen, beginnt im Bauch – mit dem Atmen in den Bauch. Je besser du deine eigene Energie spüren und differenzieren kannst, desto besser kannst du die Energie anderer Menschen spüren. Energie ist nichts Statisches, sondern immer in Bewegung und veränderlich. Das Wissen um den Austausch und die gegenseitige Beeinflussung von Energie führt uns letztendlich zu einem besseren Verständnis unserer selbst, unseres eigenen inneren Kerns. Seinen Körper, sein Energiefeld und seinen Energiehaushalt zu verstehen und zu managen – hier liegen die wichtigsten Ansatzpunkte für Hochsensible. Mache es dir deshalb zu Gewohnheit, regelmäßig kurz still zu werden und nachzuspüren, wohin deine Energie fließt. Betrachte dich dabei mit den Augen eines Außenstehenden.

Ich habe in den letzten Tagen gemerkt, dass ich besser begreife, woher ich Energie bekomme und woher nicht. Mir ist es gelungen, bewusst einige meiner Aktivitäten anzupassen, wodurch ich wieder weitergekommen bin. Es fühlt sich richtig gut an, sich den Raum zu nehmen, mal ein halbes Stündchen etwas zu tun, was einen wieder auflädt. Es gibt auch Dinge, in die ich Energie stecke, wie den Nachbarn und dessen Sohn, was gut etwas weniger vertragen könnte. Weil es nämlich weniger bringt als andere Dinge, die mir lieb sind.

(Gertrud, 55 Jahre alt)

Wahrnehmung üben

Sich unter dem Gesichtspunkt der Energie wahrzunehmen ist ein Prozess, der möglicherweise etwas Zeit kostet. Mache eine Gewohnheit daraus, regelmäßig kurz still zu werden und dich selbst aus der Vogelperspektive zu betrachten. Schau aus einem Abstand auf dein eigenes Tun und Lassen und finde heraus, wo die meiste Aktivität stattfindet.

Teile deinen Körper dazu in drei Zonen ein:

- Unterkörper (Becken, Bauch, Beine, Füße)
- Oberkörper oder Herzregion
- Kopf

Wo fühlt es sich voll an? Wo leer? Wo warm? Wo kalt? Wenn du merkst, dass du zu viel nachdenkst, versuche einmal, deine Energie in einen unteren Körperbereich zu lenken. Das geht, indem du zuerst deine Aufmerksamkeit und Atmung dorthin bringst. Später wirst du dann von selbst die Energie wahrnehmen. Hilfreich können spontane Bewegungen sein, die sozusagen die Energie auf ihrem Weg in die unteren Körperbereiche begleiten.

Vergleiche, wie du dich vor dieser Meditation gefühlt hast und wie du dich danach fühlst.

Übung: kyo und jitsu

Beobachte deine Umgebung. Versuche, im Hinblick auf **kyo** und **jitsu** zu betrachten und zu denken. Beobachte auch einmal die Personen, mit denen du täglich umgehst. Tue das auch mit einigen deiner Aktivitäten, mit der Stadt, in der du lebst, und mit der Art, wie du dich fortbewegst ...

Beschreibe, was diese Menschen oder Aktivitäten oder Orte mit deinem Energiehaushalt machen, welche Wirkung sie haben. Wonach hast du eigentlich ein Bedürfnis, und wie kannst du durch kleine Änderungen mehr nährende Energie in dein System leiten? Wie könntest du öfter in deinen **flow** kommen.

Gibt mir Energie	Nimmt mir Energie

Zeitmanagement

Entwickle ein Auge für Reihenfolge, Tempo, Sorgfalt und Abschluss deiner Tätigkeiten, dann wird das Gewöhnliche ungewöhnlich wichtig und befreiend.

(Maarten Houtman)

Neben einem guten Energiemanagement ist Zeitmanagement von unschätzbarem Wert. Zeit, ausreichend Zeit, die rechte Zeit, zu regelmäßigen Zeiten; das sind Themen, die es wert sind, ausführlich unter die Lupe genommen zu werden. Zeit spielt in all ihren Facetten eine essentielle Rolle im Leben hochsensibler Menschen. Stelle dir öfter die Gewissensfrage: Gehört diese Sache zu meinen Prioritäten? Bringt diese Beschäftigung Qualität oder nur Quantität ein? Arbeitest du vielleicht zu Tageszeiten, zu denen du besser schlafen solltest? Es ist bewiesen, dass ein Mittagsnickerchen Menschen effektiver und produktiver macht. Trotzdem rennen viele Menschen mit unvermindertem Tempo durch den Tag, bis sie abends auf dem Sofa zusammensacken. Kannst du deine

Arbeitszeiten anders einrichten? Früher aufstehen (dann ist auch auf den Straßen weniger Verkehr) und nachmittags früher nach Hause? Oder, wenn du ein Abendmensch bist: später aufbrechen und später nach Hause? Kannst du es vielleicht einrichten, an manchen Tagen zu Hause zu arbeiten, so dass du ab und zu in deinem eigenen Tempo tätig sein kannst? Sei mutig dabei, dieses Problem anzugehen, und vor allem, sei kreativ beim Finden von Lösungen!

Machst du immer noch weiter mit diesem oder jenem, während dein Magen schon knurrt und du merkst, es wäre wirklich besser, etwas zu essen? Viele Hochsensible haben eine empfindlich reagierende Bauchspeicheldrüse, wodurch sie von regelmäßigen Zwischenmahlzeiten abhängig sind. Das Übergehen einer Mahlzeit oder einer Vesperpause ist katastrophal: Konzentrationsstörung, Stimmungstief, zitternde Hände und unbändiger Hunger auf Süßigkeiten sind unter anderem Erscheinungen von Hypoglykemie (zu niedriger Blutzuckerspiegel).

Gehst du oft zu spät schlafen, obwohl du weißt, dass regelmäßige Nachtruhe für dich unentbehrlich ist? Lebst du vielleicht wild und spannend, während du weißt, dass deine hochsensible Seite diesen anhaltenden Stress nicht verträgt?

In der Zeit, als ich in Brasilien lebte, habe ich sehr schlecht für mich gesorgt. Ich schlief kaum, arbeitete 80-Stunden-Wochen, aß kaum, trank und rauchte viel und trieb überhaupt keinen Sport. Auch war ich sehr getrieben durch mein Ego und das Bedürfnis, als Musiker Anerkennung zu finden. Die Verbindung zur Erde (schon aus dem einfachen Grund, dass ich umgezogen war) und eigentlich auch die zu meinem Herzen und meinen Gefühlen wurde immer geringer. Eine sinnvolle Körper-Geist-Seele-Verbindung entglitt mir in zunehmendem Maße. Dazu gesellten sich alte Frustrationen und Wut. Ich war völlig auf die Außenwelt gerichtet, darauf, Bestätigung von der Außenwelt zu erhalten.

Das hat bei mir zu Depression, Angst, Zwangsvorstellungen und Burn-out geführt. Eine wahre Hölle. Zwei Jahre lang musste ich jeden Tag vor Schmerz heulen und hatte tägliche Panikattacken … meinen schlimmsten und bedrohlichsten Dämonen bin ich begegnet.

(Boris, 37 Jahre alt)

Zeit ist in unserer modernen Welt ein seltenes, ein exklusives Gut geworden. Die Möglichkeiten des Zeitvertreibs werden mehr und mehr – und führen vor allem zum bedrückenden Gefühl, zu wenig Zeit zu haben.

Frauen und Multitasking

An dieser Stelle muss ich dem Thema „Zeit und die Frau" einen eigenen Abschnitt widmen. Heute leben viele Frauen in einem schwindelerregend hohen Tempo. Frauen haben die Fähigkeit, viele Dinge gleichzeitig zu erledigen, *Multitasking* nennt man das. Frauen, aber auch immer mehr Männer, haben das Talent, gleichzeitig verschiedene Aufgaben zu bearbeiten und mehrere Gedankenlinien parallel laufen zu lassen.

Sie schalten blitzschnell von Thema A zu Thema B, sind situativ flexibel und anpassungsfähig. Sie halten ein Auge auf die Bedürfnisse ihrer Umgebung und kommen beispielsweise prompt herbeigelaufen, sobald sie ein Problem mitbekommen.

Familie, Haushalt, Privatleben – das läuft heutzutage für viele Frauen nebenher. Bedenklich daran ist, dass gerade die Aufgaben, die mit Familie und Haushalt zu tun haben, vielfach nicht die geringste Anerkennung und Wertschätzung erfahren. Es sind Leistungen und Tätigkeiten, die als Nicht-Arbeit (oder gar als Entspannung) gelten – und nicht finanziell entgolten werden. Und weil wir gewohnt sind, nur das Arbeit zu nennen, was mit Geld entlohnt wird, werden zahlreiche Tätigkeiten, die vor allem Frauen ausführen, einfach nicht als Arbeit gesehen und wertge-schätzt.

Also jagen viele von uns in unglaublichem Tempo durch den Tag, erle-digen die zahllosen kleinen und größeren Aufgaben auf unserer Liste und sind am Ende des Tages völlig k.o., und doch haben wir immer noch nicht das Gefühl, etwas geleistet zu haben.

Auf körperlichem Niveau fühlen wir uns ständig gehetzt, unsere Muskeln in Kiefer, Armen, Beinen, Bauch und Po bleiben all zu oft angespannt, unsere Atmung ist schnell und flach; wir entwickeln Spannung im Kopf mit Kopfschmerzen als Folge. Viele unserer Bewegungen sind hastig, ungerichtet und ungelenk. Unser Blick ist eng fokussiert und nicht offen, die Gedanken sind nicht im Hier und Jetzt, weil Aufgabenlisten abgearbeitet werden wollen und wir gleichzeitig über alles mögliche Dringliche nachdenken müssen. Die aktuelle Aufgabe erinnert uns sofort an eine andere, noch nicht erledigte. Wir arbeiten im Eiltempo ein scheinbar unendliches Pensum an Kleinigkeiten ab, bis wir abends, tief erschöpft, auf dem Sofa einschlafen.

Nicht jede hochsensible Frau verhält sich so, und nicht jede Frau, die so hektisch beschäftigt ist, ist hochsensibel. Doch wer sich darin (teilweise) wiedererkennt, sollte verstehen: Dieses Verhalten wird durch niemand anderen als durch *uns selbst* hervorgerufen und aufrechterhalten. Erst wenn wir lernen, uns für die Kleinigkeiten, die wir tun, wertzuschätzen und uns selbst Aufmerksamkeit zu schenken, entwickeln wir eine selbstbewusste, zufriedene und erfüllende Lebenshaltung. Wir bekommen einen Blick für das Tempo des Lebens-an-sich, für die Reihenfolge und den Rhythmus, in dem sich die Dinge entfalten, für unsere Atmung. Wir beginnen aufzuwachen.

Frauen, die weiterhin auf Bewunderung und Bestätigung von anderen warten, werden nie zu innerer Ruhe und Zufriedenheit gelangen.

Leere hat Sinn

Aus Ton werden schöne Gefäße gemacht,
doch die Leere darinnen
bestimmt ihre Brauchbarkeit.

Ein Rad hat Speichen,
die in der Runde drehen,
doch die Leere im Zentrum,
die Platz für die Nabe lässt,
macht das Rad brauchbar.

Aus Mauern besteht ein Haus,
doch der Raum dazwischen
macht das Haus bewohnbar.

Durch das Sichtbare, die Materie,
erhalten Dinge Form.
Durch das Unsichtbare, die Leere,
erhalten sie ihren Wert.

(Tao Te King)

Notizbuch für Lebensqualität

Kaufe einen hübschen Terminplaner oder ein schönes Notizbuch, das du deinem Lebensgefühl widmest. Lege es neben dein Bett oder an einen anderen persönlichen Ort. Schreibe abends auf, welche wertvollen Dinge du während des Tages getan hast oder welche Dinge du diesmal gelassen hast (was ebenso wertvoll sein kann). Schöne, rührende, verbindende, aber auch ganz einfache kleine Aufgaben, die in sich selbst eine Quelle der Lebensfreude sind. Eine halbe Stunde in der Sonne sitzen, ein Telefonat mir einer Freundin in Schwierigkeiten, ein freundliches Lächeln im Supermarkt, eine Schublade, die du aufgeräumt hast. Entdecke selbst, welche Dinge, Ereignisse und Begegnungen dein tägliches Leben gefärbt haben, vertieft haben – der Mühe wert waren.

Den Haushalt führen als Meditation

Um wirklich ins innere Gleichgewicht zu kommen mit einem Rhythmus, der zu deiner Persönlichkeit passt, rate ich dir, einmal eingehend für dich zu untersuchen, welche Werturteile du in Bezug auf Haushaltsarbeiten hast. Sind es unwichtige Nebensachen, die du in den Abendstunden nebenher erledigen musst? Sind sie in deinen Augen minderwertig, etwa im Vergleich zu den viel ‚edleren' Aufgaben, die du außer Haus hast? Gibt es bei dir zu Hause immer Streit um die Haushaltsarbeiten? Ärgerst du dich über eine unordentliche Wohnung, während dir Zeit,

Mut und Energie fehlen, um aufzuräumen? Was sind insgeheim deine Prioritäten?

> *Findest du es wichtiger, eine Doktorarbeit zu schreiben, als das Klo zu putzen? Putze dann mal drei Monate lang dein Klo nicht, dann wirst du es besser wissen!*
>
> (Robert Betz)

Eine bezahlte Reinigungskraft kann dir (und deinem Partner) zu genau der Einsicht und Erkenntnis verhelfen, die auch dieser Aspekt des Lebens benötigt. Für Hochsensible ist das Bedürfnis nach einem sauberen und aufgeräumten Haus vermutlich ziemlich wichtig. Unterschätze das nicht! Du siehst nun einmal mehr Staub herumliegen als Nicht-Hochsensible!

Haushaltsarbeiten können eine Lektion sein, eine Lektion in Aufmerksamkeit. Unter Meditation stellt man sich gemeinhin ,einen Erleuchteten im Lotussitz' vor – doch der wirklich erleuchtete Mensch erhebt einfachste Tätigkeiten zur Meditation. Ursprünglich bestand der rituelle Ablauf des Klosterlebens zu wesentlichen Anteilen aus alltäglichen Aktivitäten – wie Scheuern, Abwaschen, Gartenarbeit –, die mit der höchsten Aufmerksamkeit, mit Gefühl für Schönheit und Rhythmus und der allergrößten Dankbarkeit ausgeführt wurden.

Übung

Entwickle ein Gefühl für Ästhetik in den alltäglichen Dingen, die du machst. Ertappe dich dabei, wenn du mit abwesendem Geist Haushaltsarbeiten auf die Schnelle machst. Halte einen Moment inne, atme ein paar Mal ruhig ein und aus und bringe deine Aufmerksamkeit und Konzentration zu deiner Aufgabe. Versuche, aus dieser Aktivität einen Tanz zu machen. Achte darauf, welche Muskeln du für diese Aufgabe nutzt. Überprüfe, welche Muskeln du unnötig verkrampfst. Bleibe außerdem ruhig und leer und versuche, so viel Erfüllung und Dankbarkeit wie möglich zu empfinden.

Wellen und Geschaukel

Zum Zeitmanagement gehört „Gleichgewichtsdenken". Nach einer großen Anspannung solltest du Zeit einplanen, um die Anspannung abflauen zu lassen. Zeit, die du ausschließlich damit verbringst, zu verarbeiten und zu regenerieren … Jeder macht das auf seine Art. Aber wenn wir das nicht tun, droht in unserem System ein Unwetter aufzukommen.

Es fällt mir auf, dass noch immer viel zu viele Hochsensible diese Zeit nicht als selbstverständlich ansehen. Sie schämen sich dafür, Zeit *für sich selbst* einzufordern. Viele Hochsensible, mit denen ich sprach, empfinden sich selbst als langweilig und überempfindlich und fühlen sich schuldig, weil sie mehr Zeit als andere brauchen, um sich zurückzuziehen, zu besinnen und aufzuladen.

Wenn du zu denen gehörst, die sich schuldbewusst maximal ein Viertelstündchen zurückziehen, um so schnell wie möglich wieder präsent sein zu können, dann wird es höchste Zeit, daran etwas zu ändern.

Übung

Die Fragen, die du dir in der kommenden Zeit stellen solltest, lauten:

Wie lasse ich eigentlich mein Erregungsniveau abebben?

_____

_____

_____

_____

Was hindert mich daran, mich regelmäßig zurückzuziehen?

_____

_____

_____

_____

Es ist wichtig, dass wir neu lernen, zu bestimmten Zeiten ohne Uhr zu leben. Wir sollten uns mehr vom Diktat der Zeit befreien. Instinktiv verfügen wir bereits über ein tiefes Wissen um Zeit und Zyklen; denke an die Mondphasen, die den Rhythmus jeder Frau bestimmen. Wenn wir lernen, uns ab und zu völlig zu lösen aus dem Korsett der Uhrzeit, gelangen wir in einen natürlichen Rhythmus zurück, in dem Untätigkeit und reine Entspannung wieder ihre wichtige nährende Rolle einnehmen. Wir verbinden uns dabei außerdem mit dem weiblichen Prinzip, mit weiblichen Energien.

Zeit einplanen für sich selbst, für die Begegnung mit sich selbst, für reine Entspannung, zum Faulenzen und zum Nichtstun, gehört zu den Pflichten für Hochsensible.

Man kann das am Beispiel einer Balkenwaage erklären. Bewegt sich die Waagschale stets in dieselbe Richtung, ist die Waage nicht im Gleichgewicht. Stell es dir vor wie ein Schaukeln: Sie geht niemals nur in eine Richtung – sondern stets hin und zurück.

Eine Welle zieht sich zurück; in diesem Moment von Ebbe passiert sehr viel durch sehr wenig.

Der „Ich habe keine Zeit"-Gedanke entartet zu einer selbsterfüllenden Prophezeiung. Wer glaubt, keine Zeit zu haben, hat nie Zeit. Wer glaubt, viel Zeit zu haben, erschafft Zeit.

Zeit, die wir uns nehmen – unausgefüllte Zeit – bewirkt, dass wir uns stärker öffnen für besondere und spontane Begegnungen: die Begegnungen von Herz zu Herz, die so häufig eine verborgene Botschaft bergen. Gerade die spontanen Begegnungen bringen uns wieder in Kontakt mit tieferen Einsichten und Freuden. Und 'Gleichgewicht' bedeutet auch, seine häufig einander entgegengesetzten Bedürfnisse einmal zu ordnen. Die *sensation seekers* unter den Hochsensiblen können beispielsweise dem Bedürfnis nach Ruhe und dem Bedürfnis nach spannenden Erfahrungen gleichviel Gelegenheiten einräumen.

> *Nimm dir ruhig die Zeit, um glücklich zu sein. Zeit ist kein*
> *Schnellweg zwischen Wiege und Grab, sondern der Raum,*
> *um in der Sonne zu parken.*

Übung: Uhrzeit – „Leere"

Diese Übung ist vor allem für Frauen wichtig. Die weibliche Energie kennt ihren eigenen Rhythmus; sie tickt nicht gerne zum Takt der mechanischen Uhr. Aber auch hochsensible Männer kennen nicht selten ein starkes inneres Bedürfnis nach Zeitlosigkeit. Versuche, dich in der kommenden Zeit so oft wie möglich von der mechanischen Zeit zu lösen. Das bedeutet: Armbanduhren ablegen

Achtsam leben mit Hochsensibilität

und Wanduhren und Wecker wegstellen. Mache aus diesem Urbe-
dürfnis nach Zeitlosigkeit ein wiederkehrendes Meditationsmerk-
mal. Lege alles, was mit Zeitdruck zu tun hat, zur Seite; schaffe
dir eine Oase der Zeitlosigkeit, in der du auf Zeit nicht zu achten
brauchst.

Wenn etwas in dir aufkommt oder sich anbietet, von dem du dich nicht
unmittelbar frei machen kannst, schreibe das auf. So entsteht schließlich
eine Liste von Dingen, die dich offenbar stark unter Druck setzen. Nimm
dir zu einem anderen Zeitpunkt diese Liste vor und überlege Lösungen,
um den Druck, der von diesen Dingen ausgeht, in andere, bessere Bahnen
zu lenken.

Männliche und weibliche Energie

Wenn wir lernen, uns unter dem Aspekt der Energie wahrzunehmen, kommen wir nicht um das Thema ‚weibliche und männliche Energie' herum. Dabei geht es um den Tanz des weiblichen und männlichen Prinzips. In dem Maße, in dem wir lernen, mit diesen beiden Essenzen zu spielen, werden viele innere Prozesse, Begegnungen und Entscheidungen, die vielleicht noch unbewusst ablaufen, deutlich. Die Teilnehmer meiner Workshops sind meist ganz Ohr, sobald ich anfange, über die männliche und weibliche Energie zu berichten. Es gibt ein großes Bedürfnis, mehr darüber zu erfahren.

Jeder Mensch besitzt männliche und weibliche Eigenschaften – in einem jeweils einzigartigen Verhältnis. Auch jedes Land auf der Erde besitzt ein einzigartiges Verhältnis männlicher und weiblicher Energien. Selbst jede Epoche lässt ein einzigartiges energetisches Mann-Frau-Verhältnis erkennen. Je mehr man lernt, aufmerksam beide Energien gezielt einzusetzen, desto lebendiger (erfüllter) und vollständiger wird man als Mensch-an-sich und in Beziehung zu anderen Menschen. Es ist unsere Aufgabe, diese beiden ewigen Pole in uns selbst zu erkennen: das Weibliche, Mystische, Ruhende, Nährende, Füllende, Reinigende, Körperliche und Transformierende, und das Männliche, Entscheidungen Fällende, Bewegende, Richtung und Form Gebende, Geistige und Unterscheidende. Wie im Spiel von Licht und Schatten wechseln sich diese Urprinzipien in unserem Alltagsleben ab, und je mehr du dich zu diesem Tanz verführen lässt, desto mehr lädst du dich mit Lebensenergie auf. Es ist wie mit den Polen einer Batterie, zwischen denen die Energie strömt …

Im spannenden Zusammenspiel haben beide, das Männliche und das Weibliche, einander entgegengesetzte Bedürfnisse und Bewegungsrichtungen. Die männliche Energie will hinaus in die Welt: bauen, Dinge schaffen, Dingen Form geben. Die weibliche Energie will sich immer wieder von Neuem besinnen, will reinigende und religiöse Rituale durchleben. Das weibliche Prinzip ist zirkulär, es reguliert sich über Zyklen von Öffnung und Einkehr. Das männliche Prinzip ist linear und will Richtung geben. Das weibliche Prinzip ist wie Wasser, es sucht seinen Weg nach unten; das männliche Prinzip ist wie Feuer; es brennt für eine große Sache. Das weibliche Prinzip ist horizontal und leiblich; das männliche Prinzip ist vertikal und geistbewegt.

Jeder, der sich unausgeglichen fühlt, tut gut daran, gewissenhaft das Gleichgewicht von männlichen und weiblichen Energien in sich selbst zu untersuchen. Ein Hochsensibler, der von der Last zu vieler äußerer

Reize niedergedrückt wird, der seine eigene Kraft nicht kennt, der sich seiner Grenzen beraubt und sich überlastet fühlt, ist gut beraten, das Zusammenspiel dieser beiden Prinzipien im eigenen Wesen zu untersuchen.

Übung

Lege Papier und Stift bereit. Setze dich ruhig hin und konzentriere dich eine Zeit lang auf deinen Atem. Versuche, so leer wie möglich zu werden. Nimm dir die Zeit, um zu dir zu kommen. Stelle dir die Frage: Was ist das Weibliche für mich persönlich? Schreibe auf, was in dir hochkommt. Eine Liste mit Schlagworten entsteht, die auch widersprechende Elemente enthalten darf. Assoziiere einfach drauf los. Es gibt kein Richtig oder Falsch. Tauchen vielleicht Erinnerungen an Menschen, Bilder, Vorstellungen, Gefühle auf? Kannst du Vorurteile wahrnehmen und loslassen? Mache dasselbe auch in Hinblick auf das Männliche.

Nutze deine Feinfühligkeit, um die beiden Prinzipien, zwischen denen sich die Schaukel seit Anbeginn der Zeiten hin und her bewegt, für dich selbst zu untersuchen. Schaue und staune: Die Welt und der Mensch offenbaren sich als viel differenzierter, als wir es uns je ausdenken könnten. Wir sind Sonne und Mond, wir sind Licht und Dunkel, Wolke und Donner. Wir haben entgegengesetzte Energien und Impulse in uns, die tatsächlich allesamt gefühlt und erlebt werden wollen. Wir sollten lernen, unser Frau-Sein und unser Mann-Sein in gleichem Maße wahrzunehmen und zu feiern.

....

Die beiden Essenzen können nur in Beziehung zueinander bestehen. Im Lebensrhythmus ist die Interaktion von Yin und Yang verantwortlich für Ruhe und Unruhe, Einsamkeit und Jagd nach Abenteuer, dem Leben eines Einsiedlers in den Bergen und dem Werk einer Führungspersönlichkeit in der Welt.

(Licht auf Taoismus)

Deinen Tempel reinigen

Ein Bad zu nehmen oder zu duschen kann ein Ritual sein: eine Möglichkeit, das weibliche Prinzip in uns zu feiern und zu ehren. Kein einzelnes Element ist so mit dem Weiblichen verbunden wie Wasser. Das emotionale System lässt sich durch Tränen wie durch nichts anderes reinigen. Verfestigtes wird wieder fließend. Sowohl unsere äußere Schönheit als auch unsere innere Schönheit will bewusst gelebt und versorgt sein. Sich selbst als reiner Weiblichkeit begegnen ... So sehr „ich selbst sein", dass ich vor Gegenwärtigkeit und Körperlichkeit zu strahlen beginne. Das männliche Prinzip können wir feiern und ehren, indem wir uns vorstellen, dass wir mehr sind als nur unsere Gefühle, Zweifel und Gedankenströme. Wir können wahrnehmen und unterscheiden; wir können tatkräftig Entscheidungen fällen. Auch wenn wir im Zweifel sind, ob unsere Entscheidung jeweils richtig ist – wir können lernen, dass Fehler nicht den Untergang der Welt bedeuten und dass sicher ein weiterer Entscheidungsmoment kommen wird. Ein klares „Nein" ist manchmal kraftvoller als ein zweifelndes „Ja". Die Dinge angehen, etwas zu Ende bringen, und dann sich selbst auf die Schulter klopfen, all das setzt männliche Energie in uns frei.

Erfahrungen bezüglich der eigenen Grenzen

Ich erlebe, dass ich keine Grenzen habe, und das wurde mir auch oft gesagt. Wenn viele Menschen um mich herum sind, fühle ich mich überwältigt. Ich fühle ständig Gedanken und Gefühle von anderen.

(Andrea, 32 Jahre alt)

Einander treffen, einander berühren, sich mit anderen austauschen – all das sind Urbedürfnisse jedes Menschen. Je näher man dem anderen ist, desto intensiver fühlt sich der Austausch mit ihm an. Als Hochsensibler nimmt man auf energetischem und sinnlichem Niveau, bewusst wie auch unbewusst, sehr viel wahr. Du bist häufig wie ein geöffneter Nervenkanal, der seine Umgebung ununterbrochen scannt. Du fühlst Stimmungen und Bedürfnisse und Widerstände anderer sehr gut. Du hörst, siehst, riechst und fühlst ununterbrochen, und das kann leicht zu viel werden. Jeder intensive Austausch ist sowohl bereichernd als auch verwirrend. Für den einen Menschen resultiert diese Intensität in einem fast unerträglichen täglichen Kampf, wie einem Überlebenskampf, für den anderen sind Grenzerfahrungen reizvoll, spannend und eine Quelle von Freude. Hochsensible sind eigentlich Jongleure des *Zwischenreichs*. Das Zwischenreich ist durch und durch unser Gebiet. Unsere Erlebenswelt spielt sich häufig auf wenigen Quadratzentimetern oder -millimetern ab, rings um das, was im Austausch stattgefunden oder nicht stattgefunden hat, was hätte stattfinden sollen oder was zu viel stattgefunden hat. Wir spielen ein mehr oder weniger bewusstes Spiel von Anziehen und Abstoßen, Umkreisen und Durchbrechen, Abwarten und Sich-Zurückziehen ...

Wichtig ist, zu erkennen: Als Fötus, Säugling und Kleinkind warst du vollständig mit dem *Energiesystem deiner Mutter* verschmolzen. Nicht nur während der Schwangerschaft, im Bauch, sondern auch in den Jahren danach fühltest du, was sie fühlte. Und das hatte auch für deine folgenden Lebensjahre Konsequenzen: Du reagierst äußerst sensibel auf das, was den Erfahrungsmustern deiner frühen Kindheit ähnelt. Das ist ein Fallstrick; es ist der Grund dafür, dass bestimmte Probleme von Generation zu Generation übertragen werden. Und aus genau diesem Grund sollten Kinder massenweise bedingungslose Liebe erhalten: So werden Sie sie später selbst geben können und so ein leuchtendes Beispiel für ihre Umgebung sein.

Ein weiterer Fallstrick für Hochsensible ist, dass sie vieles an Informationen wahrnehmen, was einander scheinbar widerspricht: Ein Mensch sagt etwas, doch Du nimmst auf emotionaler Ebene etwas ganz anderes wahr. Menschen sind nun einmal häufig unaufrichtig; was sie sagen, ist nicht immer unbedingt die Wahrheit. Denke nur einmal an die Frage „Wie geht es dir?", die man standardmäßig mit „Danke, gut" beantwortet.

Ich habe die meisten Schwierigkeiten mit Problemen und Mogeleien, die nicht gesagt werden, aber wohl spürbar sind. Das passierte früher zu Hause nämlich recht oft. Ich litt als sensibles Kind ziemlich darunter. Häufig musste ich mir dann erst bewusst machen, warum ich mich so merkwürdig fühlte, und anschließend musste ich Geduld üben. Wenn andere Personen darin mit einbezogen sind, ist die Situation nicht immer leicht aufzulösen. Ich finde es sehr schwierig, mit solchen Situationen umzugehen.

(Marlies, Studentin, 23 Jahre alt)

Die Abgrenzung kann für Hochsensible ein großes Problem darstellen – ein schwieriges Entwirren: Was gehört zu mir? Was gehört zu dir? In meinen Workshops machen wir verschiedene Abgrenzungsübungen. Anschließend lasse ich die Teilnehmer miteinander besprechen, was sie erfahren haben. Es ist jedes Mal wieder eine ziemliche Herausforderung, Hochsensible aus dem „Wir"-Gefühl in das „Ich"-Gefühl zu überführen.

Was du fühlst und denkst und bist, braucht nicht dasselbe zu sein,
wie das, was ich fühle und denke und bin.

Der Mensch – und der hochsensible Mensch besonders – hat ein starkes
Verlangen, sich zu verbinden. Wir verbinden uns häufig ganz automatisch und unbewusst. Trennung weckt in jedem Menschen eine Urangst.
Betrachten wir diese Angst genau und erkennen wir, dass wir nichts
oder niemanden verlieren, wenn wir unseren Beziehungen und Bin-
dungen Raum geben, dann sind wir auf dem guten Weg.
Sich zu verbinden, ist schön – aber nicht in jeder Situation und unter
allen Umständen wünschenswert. Suraya meldete sich in einem meiner
„Sich-Erden"-Workshops mit den Fragen: Wie könne sie lernen, besser
zu unterscheiden, was von ihr komme und was von anderen? Und wie
könne sie Nein sagen zu jemandem, der über ihre Grenzen gehe? Sie
leitet die Station eines großen Krankenhauses; bei Sitzungen musste sie
regelmäßig erleben, dass andere Arbeit bei ihr abluden, die gar nicht die
ihre war. Außerdem hatte sie eine Vorgesetzte, die emotionalen Druck
ausübte und unbemerkt Dinge bei ihr ablegte, von denen sie sich nur
schwer wieder lösen konnte.
Als Hochsensible kenne ich diese grenzverletzenden Erfahrungen nur
all zu gut. Klienten, die hiermit kämpfen, rate ich: Sorgt sehr gut für
euch, wenn ihr allein seid. Dann könnt ihr eure Batterien aufladen.

Strebt ständig nach Gleichmut und Ausgeglichenheit. Plant lieber etwas weniger als zu viel, so dass ihr vorbereitet seid auf Herausforderungen, wenn andere Menschen euch auf energetische Art und Weise in Anspruch nehmen wollen. Die Frage ist nämlich: Wollt ihr euch den anderen tatsächlich verschließen, oder wollt ihr euch verbinden, jedoch gleichzeitig bei euch selbst bleiben?

Ich merke, dass ich immer besser und klarer erkenne, wenn es um das Zerfließen von Grenzen geht. Beispielsweise kam neulich meine Vorgesetzte, um mich lachend und singend zu beglückwünschen. Ich fand das ziemlich lustig und begegnete ihr ebenso fröhlich. Sie stellte sich neben mich, und wir haben dann mit den anderen Kollegen einige Späße gemacht.

Ich fühlte auf einmal, dass ich einen total schweren und vollen Kopf bekam, als ob er gleich platzen müsste. Das verstand ich zuerst überhaupt nicht. Ich war doch gerade noch entspannt und ruhig? Aber jetzt konnte ich nicht anders, als raus zu gehen, so voll und schwer fühlte ich mich plötzlich. Ich bin etwas spazieren gegangen, um einigermaßen zur Ruhe zu kommen und dann wieder arbeiten zu können. Ich verstehe jetzt, dass ich die Energie meiner Vorgesetzten gespürt und übernommen hatte.

Zuerst verstand ich nicht, was passiert war, und begann wie so oft an mir zu zweifeln. Lag das an der Tatsache, dass ich nicht in Kontakt mit ihr gehen konnte? Was war verkehrt mit mir? Das passierte vormittags und spät abends lief ich immer noch mit einen schweren, vollen und verkrampften Kopf herum. Jetzt verstehe ich, dass ich, wenn ich entspannt bin, die Energien anderer fühle und übernehme. Ich verstand auf einmal glasklar, dass dieses Gefühl absolut nicht von mir stammte.

Ein anderes Beispiel ist eine kürzlich geschehene Situation, in der ich mich mit meinem Exmann unterhielt. Wir hatten Spaß miteinander. Danach ging ich spazieren. Da fühlte ich mich wie ein Häufchen Elend. Ich musste herzzerreißend weinen und verstand die Welt nicht mehr. Das brachte mich ganz durcheinander ... bis ich begriff, dass ich seinen Schmerz fühlte.

Ich sehe hier eine Parallele: Wenn ich entspannt bin, übernehme ich offensichtlich leicht die Emotionen und Energien anderer.

(Suraya, 44 Jahre alt)

Auch die andere Seite habe ich in meinen Workshop-Gruppen erlebt: Manche Hochsensible haben zu einem bestimmten Zeitpunkt „beschlossen" – und das manchmal sehr früh –, nichts mehr an sich herankommen zu lassen, Gefühlen zu misstrauen oder diese ganz zu blockieren.

Sie erleben sich wie in einem Korsett; sie sind eingeschlossen in sich selbst. Nahezu immer befindet sich die Energie oben, im Kopf.

Wir haben sozusagen verschiedene Schalter in unserem Inneren; beispielsweise gibt es eine Art Schalter für das, was man *zulässt*. Sowohl die eingeschlossenen Sensiblen als auch die offenen Sensiblen leiden auf ihre Art. Wenn es an Ausgeglichenheit und an Einsicht bezüglich des Umgangs mit Grenzverletzungen mangelt, dann bleibt die betreffende Person in sozialen Situationen meistens verletzlich und unglücklich. Die Lösungen für beide Personentypen sind allerdings recht ähnlich: Zugang zu sich selbst, dem eigenen wahren Kern, den eigenen Antrieben im tief verborgenen Innern finden.

Je mehr wir uns im zwischenmenschlichen Austausch unserer selbst bewusst sind, und vor allem unserer momentanen körperlichen, emotionalen und geistigen Reaktionen, desto besser werden wir verstehen, welche Art von Austausch ununterbrochen zwischen uns und unserer Umgebung stattfindet. Indem wir das Licht unserer Aufmerksamkeit auf unsere momentanen Empfindungen scheinen lassen, wird uns mit etwas Geduld wie von selbst immer klarer, was von uns selbst und was von anderen stammt – woher beispielsweise gespürter Schmerz, eine gespürte Trauer stammt. Häufig erkennt man dann, dass ein bestimmter Schmerz, eine bestimmte Trauer, eine bestimmte Ermüdung von einem Freund stammt, der anrief, oder von einer Tante, der man zufällig im Supermarkt begegnete, oder von einem Kollegen, und dass diese Erkenntnis schon ausreicht, um das negative Gefühl verschwinden zu lassen. Dieses Gefühl schmilzt dann wie Schnee in der Sonne.

Gehe immer kritisch und sorgfältig mit deinen Wahrnehmungen um. Bei den betreffenden Menschen nachzuhaken hilft oft, deine Wahrnehmung zu klären.

Auch Suraya lernte immer besser, ihre eigene Energie zu bewahren und von der Energie der anderen abzugrenzen und im Kontakt mit anderen diese beiden Energiequellen zu unterscheiden. Eine respektvolle, selbstsichere Kommunikation, in der sie sich aufgrund eigener Erfahrungen, Gefühle und Erwartungen äußert, tat ihr Übriges.

Ich finde es unglaublich, wie das jetzt geht. Ich erlebe, dass ich mir immer mehr gestatte, das Gefühl, das nach oben kommt, zu fühlen und nicht mehr davor zu fliehen. Oder bei Spannung im Körper die Spannung nicht mehr in den Kopf zu drücken.

Außerdem spüre ich jetzt, was für ein Gefühl es mir gibt, Nein zu sagen oder deutlich zu machen, was eine Sache mit mir macht. Das ist wirklich toll! Ich durchschaue auch immer besser, wie Menschen von meiner Loyalität Gebrauch machen und kann darauf stets besser reagieren. Das macht mich innerlich froh. Nach einem Stimmungstief kann ich den

Faden leichter wieder aufgreifen und akzeptieren, dass alles so ist, wie es ist. Und das alles auch okay ist. Ich sehe jetzt auch ein, dass ich in der Vergangenheit aus Dingen ein Drama machte. Als Kind wurde mir beigebracht, dass es sehr sehr schlecht war, wenn ich etwas falsch machte. Daran bin ich also lange hängen geblieben. Meine Qigong-Übungen, die ich fast täglich ausführe, helfen mir außerdem enorm in meiner Entwicklung.

(Suraya, 44 Jahre alt)

In meinem Buch **Leben mit Hochsensibilität** gebe ich viele Tipps, die einem helfen, sich besser abzugrenzen. In den Workshops „Grenzen für Hochsensible" lehre ich unter anderem mit Hilfe neuer Erkenntnisse, wie man bestimmte Chakras ins Gleichgewicht bringen kann.

Meditation: Grenzen finden

Diese Meditation kann man gut am Ende eines geschäftigen Tages mit vielen Begegnungen und Tätigkeiten machen. Um die Gesprächsfetzen, (un)vollendeten Aufgaben, Sorgen und Ärgernisse loszulassen, stellst du dich fest hin; beide Füße haben guten Bodenkontakt. Schüttele dich dann erst einmal aus.

Schüttle deine Hände, deine Arme, deinen Rumpf und deinen Kopf (vorsichtig), dein Becken, deine Beine und Füße nach Herzenslust. Fühle jedes Gefühl, das in dir hochkommt; lasse dich jedes Bedürfnis durchleiden. Atme laut aus, seufze und stöhne, so dass sich auch innerlich alles löst. Die Reihenfolge ist nicht wichtig. Lass kleine Impulse groß werden.

Wenn du das eine Zeit lang gemacht hast, spüre dann nach, wie es sich in deinem Innern anfühlt. Was ist deine Emotion im Moment? Welche Dinge und Menschen kleben noch an dir? Welche unverarbeiteten Gefühle wollen noch gefühlt werden?

Fokussiere dich auf dieses Gefühl, diese Person, diesen Gedanken, und sage dann entschlossen: „Jetzt ist Feierabend! Meine Arbeit, meine Verantwortung, meine Tätigkeiten sind für heute beendet. Ich möchte, dass ihr jetzt geht. Morgen oder später kommt ihr wieder an die Reihe. Nun bin ich für mich da. Dies ist meine Freizeit, die Zeit, die ich brauche, um zu regenerieren. Dies ist Zeit ohne Verpflichtungen."

Dein stressfreier Ort

Schaffe in deinem Haus einen stressfreien Ort, der dir ganz allein gehört. Wenn du mit anderen Menschen zusammenwohnst, kann es schon vorkommen, dass du überhaupt keinen Rückzugsort mehr hast. Das ist nicht gut. Fordere solch einen Platz für Dich ein! Selbst wenn es nur ein Sessel in einer geschützten Ecke ist.

Wähle sorgfältig den Lichteinfall, die Gerüche und die Wärme, die du hier brauchst. Richte deine Ecke oder dein Zimmer genau nach deinen Bedürfnissen ein. Du kannst dort Kerzen, Bilder, Duftöle, behagliche Wolldecken, Musik, bestimmte Bücher und andere Objekte hinlegen.

Es ist wirklich sehr wichtig, solch einen eigenen stressfreien Platz zu haben. Dieser Platz lädt sich mit der Zeit mit der Atmosphäre und Energie, die du dorthin bringst, auf. Vielleicht möchtest du dich gar umkleiden oder andere Rituale verrichten, bevor du an deinem beschützen Ort zu dir kommst.

Nach innen gehen ...

Die Botschaft dieses Büchleins, der dazugehörigen CD, und die Botschaft, die deine Hochsensibilität für dich hat – all das ist eine fantastische *Einladung,* zu dir selbst nach innen zu gehen, dir selbst näher zu kommen und dir selbst in liebevoller Akzeptanz zu begegnen. Unser Körper, mit all seinen einzigartigen Empfindlichkeiten, will uns so gern zu dieser Erfahrung bringen. *Zu uns selbst bringen.* Unsere Sensibilität ist wie ein Leuchtturm am Ufer, der signalisiert: Schau, hier bist du zu Hause, hier ist es gut.

Das Gefühl, einer an Reizen übervollen Außenwelt ohnmächtig ausgeliefert zu sein, können wir loslassen; wir können uns *nun* entscheiden, nach innen zu gehen. Das bedeutet wörtlich: *in meinen* Körper, zu *mir selbst!* Kannst du dich bewusst entscheiden, den Überfluss unkontrollierbarer Reize, ungelöster Probleme, sich wiederholender Klagelieder von Ärgernissen, auf die du vorerst keinen Einfluss hast, hinter dir zu lassen und das reine Land deiner Innenwelt zu betreten?

Wenn du ständig über Politik klagst,
über die Steuern, die du zahlen musst,
über all das Elend in der Welt,
wird das Lachen auf dem Gesicht deines Kindes
schnell verschwinden.

(William Martin)

Ich möchte dich auf die Reise in dein inneres Land einladen. Dieses Buch und diese CD helfen dir dabei. Zu dieser Reise kannst du auf der Stelle aufbrechen – du brauchst auf nichts und niemanden zu warten. Du musst einfach nur deine Augen schließen und das innere Land betreten. Kannst du zu dir selbst sagen: Wenn ich hier bei mir selbst bin, *mir selbst treu bin*, dann werden meine Gefühle, Gedanken, Wünsche und Bedürfnisse *gehört!* Fragst du dich dann nicht mehr: Wer hört mich an? Sondern sagst zu dir selbst: Ich höre mich an. Bei mir wird mir zugehört. Kannst du das Unternehmen .... (trage deinen Namen ein) übernehmen und feierlich geloben, fortan unter allen Umständen, so gut du kannst, allen Mitarbeitern eine gute, verantwortliche Führung zu sein, Rücksicht zu nehmen auf alle Empfindlichkeiten, die sich zeigen? Und stets und unbeirrt den Wunsch nach Tiefe, Erfüllung und Liebe zu respektieren – das Exportprodukt deines Unternehmens?

Wenn wir üben, einfach nur zu beobachten, ohne zu urteilen, ohne Identifikation, ohne Ziel, dann gelangen wir in die Stille und ins *flow*-Erlebnis. Liebe ist dann die Bewegung, die aus dieser Stille entsteht. Mache dir klar: Erst dann wirst du wirklich berührt und kannst gerührt werden, wenn deine Gedanken zum Stillstand kommen und das Wunder sich entfalten kann.

> *Stille ist nicht Abwesenheit von Lärm,*
> *sondern Abwesenheit von Angst.*

(Manuel Schoch)

... durch die Unruhe hindurch

Still werden verlangt, dass wir durch unsere Unruhe hindurch in einen neuen Raum gelangen. Oft versperrt uns die Unruhe den Weg; sie hält die Tür verschlossen. „Hier nicht eintreten!", sagt die Unruhe. Sie gleicht einer Eisschicht, die uns trennt von den tieferen Schichten unseres Selbst – den unbewussten und den bewussten; einer Eisschicht, die uns davon abhält, einzusinken in die Tiefen unseres Selbst. Diese Eisschicht besteht aus Angst; sie sagt: Lieber erstarre ich zu Eis, als dass ich in Bewegung, in Wellen, fließend, im *flow* bin. Und die Assistenten der Angst, die sie vorausschickt, sind: Unruhe und Unsicherheit. Unruhe will überall hin außer nach innen, zu dir selbst. Unsicherheit will nichts lieber als projizieren und vergleichen. Auch sie will auf keinen Fall nach innen, zur wahren Identität. Schließe Freundschaft mit der Unruhe, lache sie an. Und die Unsicherheit stelle ruhig; nimm ihr jeden Anlass zur Projektion. Kannst du deinen Fokus verlagern, weg von der Idee, nicht gehört, nicht gesehen, nicht ernst genommen zu werden, hin zur Bereitschaft, dich selbst in *all* deinen Gefühlen anzuhören, anzusehen und ernst zu nehmen? Vertraue darauf, dass dein Lebensweg sich selbst offenbart. Unser Herz möchte uns zum Kern unseres Wesens führen – und dieser Kern ist Liebe. Liebe entspringt aus der Stille. Unsere Sensibilität ist unser Verbündeter, der uns dabei hilft; dank ihrer verfügen wir über eine Vielfalt an untrüglichen Signalen; dank ihrer verfügen wir über unseren inneren Kompass, unsere Intuition.

Zu oft hast du deinen Körper vernachlässigt und ausgebeutet, deine wahren Gefühle beiseite geschoben und den Ruf deines Herzens unterdrückt – häufig unter der Flagge der Vernünftigkeit, Bescheidenheit und Anpassungsfähigkeit. Vernünftigkeit, Bescheidenheit und Anpassungsfähigkeit sollten wir nicht unterschätzen, sie können in vielerlei Hinsicht nützlich sein – doch ist dies nur die eine Hälfte des Ganzen.

Übung: Hier und Jetzt

Diese Übung kannst du jederzeit und überall machen – vor allem wenn du merkst, dass Grübeleien und Ärgernisse, Sorgen, Zukunftsängste und Planungen dich zu sehr in Beschlag nehmen. Erweitere deinen Blick und erkunde deine Umgebung. Betrachte die Dinge und Phänomene um dich herum und benenne laut oder in Gedanken, was du siehst. Tisch, Lampe, Fenster, Herd, Blumentopf, Schornstein, Wiesen mit blühenden Apfelbäumen. Du kannst das erweitern: mit den Geräuschen, die du hörst, und den Gerüchen, die du riechst.

Kannst du den Moment wahrnehmen, in dem du präzise und vollkommen hier und bei dir selbst bist? Völlig vertraut mit dir in diesem Augenblick, so wie du mit einem Geliebten im Moment der Vereinigung eins wirst? Kannst du deinen Körper in diesem Moment völlig entspannen? Ihn mit Aufmerksamkeit erfüllen? Kannst du diese Erfahrung deiner selbst umarmen und dich ihr genau so überlassen, wie die jeweilige Situation ist? Weich werden, empfangend und gleichzeitig gebend? Völlig aufgehen im Fluss der Zeit, die erstarrt und zum Stillstand gekommen ist. Komme dir selbst noch näher ... komm noch ein bisschen näher. Schau und fühle und schmecke und höre deinen Atem, der deine Zellen mit Sauerstoff füllt.

Jeder kann sagen, was er will, aber ich bin, wie ich bin. Noch kann ich nicht ehrlich zu mir sagen: Du bist ein schöner Mensch! Du verdienst es und du tust so sehr dein Bestes. Dass ich selbst bestimmen darf, wie ich mein Leben ausgestalte – meistens dachte ich, dass das Egoismus sei, doch nichts ist weniger wahr.

Wir sind gewohnt so zu leben, wie wir das früher mussten. Unseren Eltern zuhören und still sein, nicht quengeln. Wenn Erwachsene reden, haben Kinder den Mund zu halten, usw. Und im Innern hast du deine eigenen Probleme, aber die werden nicht gehört. Es fühlt sich an, als würde das Innere meines Körpers nicht zur Außenseite passen. Das habe ich schon ganz lange.

Jetzt, da ich anfange, mich selbst mehr zu mögen, nimmt dieses Gefühl ab. Ich gucke jeden Tag in den Spiegel und sehe die Person, die Karin heißt. Jetzt lerne ich sie erst kennen. Warum mussten wir uns nur so weit auseinanderleben, um nach so langer Zeit wieder uns selbst begegnen zu können?

(Karin, 52 Jahre alt)

In der kommenden Zeit hast du den Auftrag, dir selbst näher zu kommen, deine besonderen Eigenschaften und Energien wahrzunehmen und anzunehmen. Und dann aus einer dich selbst liebenden Position zu sagen: Jetzt kenne ich meine Besonderheiten. Ich lasse sie nicht mehr los und ich werde warten, bis mein Partner, mein Kollege, mein Kind oder meine Eltern meine Besonderheiten auch wahrnehmen und lieb haben.

Das ist gleichzeitig der Weg zur befreienden Liebe. Je mehr du an deine eigenen Rechte glaubst, beginnend mit dem einfachen Recht, da sein zu dürfen, desto mehr bekommst du ein Gefühl der Hingabe an die Situation. Dadurch wächst das Vertrauen, um auszusprechen, was du möchtest und was du dir vorstellst, und um nach deinen inneren Überzeugungen, Erwartungen und Vorstellungen zu leben. Wenn du dich selbst berücksichtigst, wird der andere automatisch auf dich Rücksicht nehmen *müssen*.

Dabei geht es nicht um aggressive Angriffe nach außen, sondern um eine liebevolle Schau nach innen. Was fühlt sich hier weich und schwach an und verlangt nach Verständnis? Wo habe ich ein Bedürfnis an einem größeren Unterstützungspolster, wo kneift es mir in einer Sache noch zu sehr? Ein liebevoller Blick nach innen führt von selbst zu klaren Grenzen und macht auf Dauer klare Abgrenzungen leichter.

Denn wie gerne wir auch mit anderen zusammenfließen, das Akzeptieren unserer eigenen Besonderheit fordert uns auf, erwachsen zu werden. Respekt und Verständnis für uns selbst gehen dem Respekt und Verständnis für andere voraus. Wenn wir lernen, uns selbst aufrichtig wahrzunehmen, werden wir auch andere aufrichtig wahrnehmen und würdigen können.

Es ist nicht unsere Aufgabe, einander näherzukommen, sowenig wie Sonne und Mond zueinander kommen oder Meer und Land. Wir zwei, lieber Freund, sind Sonne und Mond, sind Meer und Land. Unser Ziel ist nicht, ineinander überzugehen, sondern einander zu erkennen und einer im andern das sehen und ehren zu lernen, was er ist: des andern Gegenstück und Ergänzung.

(Hermann Hesse, Narziss und Goldmund)

Meditation: Sich in einen Kokon einhüllen

Diese Meditation entstand aus einem spontanen Bedürfnis, das ich schon mein ganzes Leben kenne: nämlich aus dem Wunsch, meine Erlebniswelt ab und zu einmal auf einen Quadratzentimeter zu begrenzen. Setze oder lege dich, an einem Ort, an dem du sicher und ungestört bist. Dämpfe das Licht und sorge dafür, dass so wenig wie möglich Umgebungsgeräusche zu dir durchdringen (weit entfernte Geräusche werden dich nicht stören).

Mache dich selbst nun so klein wie möglich. Die Fötushaltung ist dazu sehr geeignet. Halte die Hände über Gesicht und Augen und lausche dem Geräusch deines Atems in deinen Händen. Rieche den Geruch deiner Hände. Beobachte, ob eventuell Farben auf deiner Netzhaut entstehen. Spüre in deinem Bauch die Kadenz deiner Ein- und Ausatmung wie eine Meeresbrandung; höre dich in deine Hände ausatmen.

Entspanne deine Muskeln so weit wie möglich. Lasse los. Bleibe bei diesen Empfindungen und achte auf nichts anderes. Eventuell kannst du dir vorstellen, dass du unter Wasser tauchst: dass du – wie ein Taucher unter Wasser – in einer anderen, befreienden Welt herumschwimmst.

Tipp: Mit Ohrstöpseln ist die Empfindung noch stärker.

....

Sich erden

Sinken bedeutet: nach unten zu gehen, Verbindung mit seinen Wurzeln aufzunehmen, sich selbst zu verankern. Sich erden sollte ganz oben auf der *to-do*-Liste Hochsensibler stehen.

Wann hast du das Gefühl verloren, geerdet zu sein?

Wenn ich längere Zeit mit anderen Menschen in einem Raum sitze, und auch immer, wenn ich mich längere Zeit nicht bewege. Außerdem kann ich mich kaum erden, wenn ich etwas esse, was ich nicht selbst ausgesucht habe (oder zu viel von dem esse, worauf ich Lust habe), wenn meine Kleidung unbequem ist, wenn mir kalt ist und wenn meine Hormone verrückt spielen.

(Marlies)

In großen Gesellschaften. Ich fühle mich dort nicht wohl, es passiert zu viel, zu viele Menschen, zu viele Eindrücke.

(Doris)

Wenn ich grübele. Ängstliche Gedanke wie: Wenn dies passiert, wird das passieren. Alles erscheint mir dann unheilvoll. Oder wenn ich zu viel im Internet bin, dann bleibe ich auch zu viel im Kopf.

(Freia)

Ich verliere mein Gefühl der Erdung, wenn andere in meinen Bereich kommen. Ich weiß noch immer nicht, wie ich damit umgehen soll. Weil ich vom Guten im Menschen ausgehe, passiert es mir schon mal, enttäuscht zu werden. Auch dann verliere ich mein Gefühl der Erdung.

(Edgar)

*Wenn ich meine Meditation zu sehr als Fluchtweg aus meinen Proble-
men nutze. In der Zeit, als ich zu häufig das Land, die Arbeit und den
Freundeskreis wechselte, verlor ich auch das Gefühl der Erdung. Ich
muss aufpassen, mich nicht zu sehr zu verschließen. Gerade wenn es
mir nicht gut geht, brauche ich Freunde und Familie. Vegetarisches
Essen, keine Nachrichtensendungen angucken, nicht pausenlos von
einer Aktivität zur anderen springen, ohne ruhig dabei zu genießen,
zu danken, zu atmen oder wie auch immer die angefangene Aktivität
richtig zu beenden.*

(David)

Übung: Deinen Bauch bewohnen

Bleibe sitzen, wo du gerade sitzt, und erkunde deinen Bauch.
Untersuche zuerst einmal: Bekommt dein Bauch überhaupt genügend Raum? Wird er vielleicht durch einen straffen Gürtel oder
enge Jeans eingeschnürt? Kannst du diese öffnen und deinem
Bauch allen Raum geben? Wie sind deine Gedanken und Gefühle
über deinen Bauch? Vielleicht negativ? Bist du unzufrieden mit
deinem Bauch, weil er zu dick ist? Nahezu alle Frauen, und auch
manche Männer, finden ihren Bauch zu dick.

Untersuche aufrichtig alle deine Gefühle in Bezug auf deinen Bauch. Erinnert dich dein Bauch an Schwäche, Hässlichkeit, Schmerz, Unterdrückung der Frau, Sexualität? ... Wenn du damit fertig bist, dann versuche, ihm einmal wirklich Raum zu geben. Jetzt ist niemand da, der zusieht. Kannst du dir vorstellen, dass dein Bauch ein Zentrum von Kraft ist? Lebende, intuitive Kraft. Kannst du jetzt mit diesem Körperbereich in Kontakt gehen? Völlig hineingehen ... die Organe erkunden, die sich dort befinden und Tag und Nacht für dich arbeiten? Dein Magen, dein Darm, deine Leber ... spüre, dass alles warm und lebendig wird ... rund und in Fülle durchströmt von Atem und Energie.

Gehe nun noch etwas weiter nach unten. Untersuche von innen deine Blase, deine Eierstöcke, Gebärmutter und noch tiefer deine Vagina, deinen Anus, deine Pobacken. Der Mann untersucht von innen das Gebiet um Anus, Po, Penis und Skrotum. Atme dort hinein und fülle diese Bereiche mit Energie und Aufmerksamkeit. Spüre, ob dort Spannungen sind, und versuche, diese liebevoll aufzulösen, zu entspannen.

....

Anders sein – authentisch sein

Dass ich es doch immer noch so schwierig finde, mich selbst zu zeigen.
Wenn Menschen da sind, bei denen es klickt, ist das kein Problem.
Aber Menschen, die mich überrollen, gehe ich lieber aus dem Weg,
als dass ich klar zu mir selbst stehe und zeige, wer ich bin.

(Doris, 44 Jahre alt)

Eine der größten Hürden, die du als Hochsensibler nehmen musst, ist: den Mut aufbringen, dich in deiner Andersartigkeit zu erkennen und diese Andersartigkeit nach außen zu tragen. Welch ein Quantensprung wäre das, wären die meisten Menschen einfach sie selbst. Man kann es auch anders betrachten: Damit wir diesen Mut aufbringen können, haben Generationen vor uns schon viel Vorarbeit geleistet. Die viel kritisierte Individualisierung hat eine positive Kehrseite, die sich langsam zeigt: Es entsteht Raum für Menschen, die positiv anders sind; Menschen, die etwas auf eine ganz eigene, einzigartige Weise beitragen wollen. Unter diesen Menschen finden sich gegenwärtig mehr und mehr Hochsensible.

Völlig authentisch zu werden bedeutet, eine Umgebung zu finden, die um dich herum passt wie eine angenehm warme, weiche Decke. Eine Umgebung zu finden, die zu dir passt, bedeutet eine Umgebung zu *schaffen*, die zu dir passt.

Übung: Stärkung der Umgebungswahrnehmung

Stelle dich aufrecht hin, Füße auf Schulterabstand, Knie nicht durchgedrückt, Schultern und Arme entspannt nach unten hängend. Richte deine Wirbelsäule auf und halte deinen Kopf in gerader Linie aufrecht. Gehe mit deiner Aufmerksamkeit in deinen Bauch. Bringe deine Atmung zur Ruhe und folge einige Zeit dem Strom, der von selbst durch deinen Körper fließt. Versuche Körperteile, die verkrampft sind oder schmerzen, freundlich zu entspannen.

Führe deine Aufmerksamkeit jetzt in den dich umgebenden Raum links deines Körpers – etwa solange, wie du brauchst, um bis zehn zu zählen. Richte dann die Aufmerksamkeit für dieselbe Zeit auf den Raum rechts deines Körpers. Richte anschließend die Aufmerksamkeit auf den Raum vor deinem Körper, dann den Raum hinter dir, dann den Raum über dir und schließlich den Raum unter dir. Zuletzt kannst du deine Wahrnehmung auf all diese Bereiche gleichzeitig richten.

Spiele nun mit dem dich umgebenden Raum. Mache ihn so klein wie deine Aura – wie fühlt sich das an? Dann mache ihn so groß, dass du dich mit dem ganzen Kosmos verbindest – wie fühlt sich dies an? Gehe dann zurück zu deinem Bauch. Wiederhole die ganze Übung ungefähr drei Mal.

....

Selbstbild

Viele Hochsensible haben mit einem schwachen Selbstbild zu kämpfen. Sie sind so durchlässig, so offen gegenüber Umgebungsreizen, Meinungen und Gefühlen anderer, dass ihr eigenes Ich in diesem Informationschaos verloren geht. Schwache Grenzen, ein starke empathische Veranlagung, aber auch hellsehende, -fühlende, -wissende, und -hörende Gaben können einen untergrabenden Einfluss auf das Ich-Gefühl ausüben. Wie schon im Kapitel „Grenzen" besprochen, wird es sehr schwierig, zu fühlen: Wo beginne ich selbst, wo endet der andere?

Manche Hochsensible fühlen sich so unter Druck, dass sie sich zum Rückzug aus der Welt gezwungen sehen. Andrea bleibt nun schon rund drei Jahre zuhause. Ihre Umgebung hat kaum Verständnis dafür, wie lange sie braucht, um den Weg zu sich selbst zurückzufinden. Ein kurzer, halbstündiger Besuch ihres Bruders und ihrer Schwägerin verlangt beispielsweise so viel von Andrea, dass alle unausgesprochenen Gedanken noch tagelang in ihr widerhallen und ihr Gemüt aufwühlen.

Andrea erlebt nur stark eingeschränkt eigene Grenzen. Mit anderen Menschen um sich herum, etwa im Beisein ihrer Angehörigen, fühlt sie sich unmittelbar überwältigt und verloren: „Ich fühle ununterbrochen Gedanken und Gefühle anderer." Wenn diese Erfahrungen zu stark und unkontrollierbar sind, ist gezielte Betreuung, die das emotionale, energetische, geistige und körperliche System stärkt und aufbaut, lebenswichtig.

> *Ich fühle mich sehr oft unverstanden und minderwertig. Das äußert sich in der Angst, zurückgewiesen zu werden – und ich fühle mich immer schnell zurückgewiesen. Siehst du, die wollen mich nicht, die finden mich doof, denke ich dann. Dadurch werde ich innerlich wütend. Ich selbst habe auch hohe Erwartungen an Menschen. Wenn etwas nicht klappt, bin ich riesig enttäuscht. Aber ich mache meine Grenzen nicht deutlich und traue mich nicht, Nein zu sagen.*
>
> (Freia, 29 Jahre alt)

Der Weg zur Heilung führt dich als Hochsensiblen unerlässlich über eine sehr tiefgreifende Annahme deiner selbst als einzigartig, wertvoll, göttlich und im Kern bereits vollkommenes Wesen. Heilung kann erst stattfinden, wenn wir beginnen zu akzeptieren, dass unsere Bedürfnisse völlig in Ordnung und stimmig mit uns selbst sind. Aus dieser Position können wir tiefe Freundschaft mit dem Menschen schließen, der wir schon immer waren und immer sein werden. Das regelmäßige Anhören der beiliegenden CD hilft dir dabei, mehr Selbstvertrauen aufzubauen.

Natur

Meditieren, in die Natur gehen, allein sein oder Gemeinschaft mit anderen hochsensiblen Menschen suchen, sind Strategien, die ich entwickelt habe, um meine Batterien aufzuladen

(Freia, 29 Jahre alt)

Gib dem Impuls nach, den du hin und wieder spürst – und vermutlich öfter, als du bislang wahrgenommen hast: dem Impuls, dich zurückzuziehen zur Meditation, Kontemplation und zum Gebet. Indem du mit dir allein bist, lädst du deine Batterien wieder auf. Eine längere Periode der Einkehr, des Rückzugs an einen Ort, wo Umgebungsreize auf ein Minimum reduziert werden, kann sehr heilend und effektiv sein (ein Burnout beispielsweise verlangt zwingend danach).

Ich bin durch meine jahrelange Erfahrung mit Gruppen und durch intensives Studium zur Überzeugung gelangt: Hochsensible müssen unbedingt lernen, der inneren Stimme zu lauschen, die die Hektik bremsen möchte, die einkehren will, die zur Ruhe mahnt. Für manche ist es eine Selbstverständlichkeit, viel Ruhe in ihr Leben einzubauen, während es anderen wie eine ungeheuer schwierige Aufgabe erscheint. Anraten kann ich dir nur: Untersuche an diesem Punkt deine Gefühle gründlich. Schuld- und Schamgefühle sind nichts Abnormales und kommen öfter vor, als du denkst. Das Gefühl, minderwertig zu sein, und das Gefühl, zu versagen – diese Gefühle können ein Grund dafür sein, dass du ‚nicht zu stoppen' bist.

> *Was ist das doch für eine enorme Freiheit, Stopp und Halt sagen zu können! Zu akzeptieren, dass ich anders bin, Nein sagen zu können, zu wagen, anderen meine Grenzen klar zu machen, zu wagen, Aufgaben zu delegieren. Ich kann zwar alles, das aber dosiert und auf meine eigene Manier.*

(Robert, 19 Jahre alt)

> *Der gesunde Menschenverstand ist die Ansammlung von Vorurteilen, die man angehäuft hat, bevor man achtzehn wurde ...*

(Einstein)

Ich habe nichts gegen den gesunden Menschenverstand, doch gesunder Menschenverstand wird leicht verwechselt mit Rudelverhalten. Beziehungsweise: Wir lassen uns noch immer leiten von kollektiven Vorurteilen und selbstverständlichen Annahmen, deren Wahrheit nie überprüft wurde.

Authentisch und intuitiv bedeutet: sich häuten ... schälen. Wir müssen Haut um Haut und Schicht um Schicht – wie bei der Zwiebel – abtragen, bis wir zum Wesentlichen gelangen. All die selbstverständlichen Annahmen und Gewohnheiten, die wir einst von unseren Eltern, Lehrern und Klassenkameraden übernahmen, die wir uns vor langer Zeit zu eigen machten, kommen in diesem Prozess unter die Lupe. Beispielsweise scheinbare Gewissheiten wie: „Benimm dich einfach normal, dann bist du schon verrückt genug", oder Devisen wie: „Besser nicht aus dem Rahmen fallen", oder Sorgen wie: „Was sollen bloß die Nachbarn denken?". Intuition ist an direktes Wissen gekoppelt, das aus verschiedenen Dimensionen empfangen wird. Das klingt nun für manche vielleicht etwas vage, ist es aber keinesfalls. Auch hier geht es wieder um Energie. Information kann uns grundsätzlich auf verschiedenen Wegen erreichen; das ist ganz elementar und völlig normal. Bei Tieren akzeptieren wir, dass sie beispielsweise ein Erdbeben im Vorfeld erahnen; dass Menschen vergleichbare Sensoren haben, finden wir noch immer schwierig zu akzeptieren. Den kreativen Strom wieder in Gang zu bekommen, natürlich unter eigenen Bedingungen, meint: in einen spontanen *flow*-Zustand zu gelangen. Spontaner *flow* bedeutet vor allem, in Kontakt zu kommen mit unserer tiefsten Lebensfreude und aus dieser Freude zu handeln.

Lichtmeditation

Setze dich ruhig hin und nimm deine Atmung wahr. Beobachte, wohin sie strömt. Folge der ruhigen Wellenbewegung von Ein- und Ausatmung. Spüre nach, ob es Bereiche in deinem Körper gibt, die du anspannst oder in die dein Atem nur mühsam gelangt. Verändere nicht gleich direkt etwas, sondern gehe in diesen Bereich, als würdest du ein Zimmer betreten.

Versuche dir vorzustellen, wie es dort aussieht. Siehst du Farben oder ist es dort dunkel? Kommt ein bestimmtes Bild, ein bestimmter Eindruck hinzu? Vielleicht kommt dabei ein spezielles Gefühl in dir auf? Beurteile nicht, sondern fühle einfach, was dieses „Bewusst"-Sein mit dir macht.

Phantasiereise zu all deinen Persönlichkeiten

Du besuchst ein Haus, in dem du all deinen bewussten und vergessenen Persönlichkeiten begegnest. Für diese geführte Meditation nimm dir am besten eine Viertelstunde bis eine halbe Stunde Zeit. Sorge dafür, dass du nicht gestört wirst. Ich schreibe diese Phantasiereise der Einfachheit halber in der weiblichen Form; wenn du ein Mann bist, lese entsprechend in der männlichen Form.

Entspanne dich im Sitzen oder Liegen, schließe deine Augen. Konzentriere dich zuerst auf deinen Körper und auf die Entspannung deiner Atmung. Lass alles um dich herum so sein, wie es ist, und wende dich nach innen. Stelle dir vor, du bist unterwegs. Du bist zu Fuß oder, wenn sich das angenehmer für dich anfühlt, per Auto, Fahrrad oder zu Pferd unterwegs. Nimm die Landschaft in dir auf, die vor deinem geistigen Auge vorbeizieht. Wie sieht es in deiner Phantasielandschaft aus?

Du bist völlig frei, eine angenehme Landschaft zu wählen. Vielleicht musst du dazu eine weite Reise machen, von deiner jetzigen zu einer schönen, rundum idealen Umgebung. Unterwegs siehst du ab und zu ein Haus oder ein Gehöft. Auch deine Reise führt zu einem Haus. Nimm dir die Zeit, dir dein Haus vorzustellen. Wie sieht es von außen aus? Und wenn du hineintrittst, wie viele Zimmer zählst du? Ist es hell oder dunkel, klein oder groß?

Nun merkst du: Du bist nicht allein im Haus. Du begegnest Frauen, einer nach der anderen, jungen wie alten. Manche kommen gleich auf dich zu, andere halten sich anfangs noch ein wenig auf Abstand. Ihr kommt euch näher und näher, bis du feststellst: All diese Mädchen und Frauen bist du selbst. Das kleine Mädchen, das du einst warst, die Jugendliche aus den Jahren danach, die Studentin oder junge Frau an ihrer ersten Arbeitsstelle, vielleicht du als Mutter oder du als reifere Frau. Schau gut hin und nimm dir die Zeit, sie genau vor dir zu sehen. Wie kleiden sie sich, mit welcher Energie umgeben sie sich? Womit sind sie beschäftigt, welche Bedürfnisse haben diese Frauen und in welchen Zimmern halten sie sich am liebsten auf?

Manche erzählen dir, was sie brauchen, um glücklich zu sein; und manche zeigen es dir. Die Begegnung mit all diesen Teilen deiner selbst, mit dir selbst in verschiedenen Lebensphasen, zeigt dir, wie schillernd deine Persönlichkeit ist und wie facettenreich deine Bedürfnisse und Sehnsüchte sind. Nimm dir Zeit dabei, dieses Haus wieder zu verlassen und zur realen Welt zurückzukehren ... zu deiner Atmung ... zu deinem Körper ... und lass dann die Geräusche aus der Alltagswirklichkeit wieder in den Vordergrund treten, bevor du langsam die Augen öffnest.

Das verletzte Kind

Wenn du dich mit deiner hochsensiblen Natur versöhnen möchtest, ist vielleicht noch Arbeit in der Tiefe nötig, um alte Schmerzen zu verarbeiten. Eine Familienaufstellung, die die Hochsensibilität in der Familie bloßlegt, mit den Machtstrukturen und unbewussten Beziehungen und Mustern, kann dann sinnvoll sein. Man kann allerdings auch allein schon viel tun. Welche Motive bilden den roten Faden in deinem Leben und wie verhalten sie sich gegenüber deiner Hochsensibilität?

Im Rahmen meiner Online-Betreuung kann ich dir helfen, alte Schmerzen und Missverständnisse in den Blick zu nehmen. Sie einfach einmal aufzuschreiben, kann auch schon sehr befreiend wirken. Manche Menschen haben mehr Kummer zu verarbeiten, andere weniger. Sei ehrlich zu dir selbst. Überlege, was du allein und was du lieber mit einem Therapeuten verarbeiten willst.

Für beinahe jeden von uns gilt: Wir schätzen uns selbst häufig viel zu wenig wert, weil wir im Laufe unseres Lebens so viele Signale auffingen, die uns suggerierten, wir seien so, wie wir sind, nicht richtig. Dieser unglückliche Gedanke hat sich uns eingeprägt,

- weil wir als Kind mit einer feindlichen, verwirrenden, mit Widerstand verbundenen Umgebung konfrontiert wurden, die wir nicht erklären konnten;

- weil wir eine Lebensform gewählt haben oder in Lebensumstände geraten sind, die nicht zu unserer hochsensiblen Natur passen;

- weil Hochsensibilität noch ungenügend wertgeschätzt wird in dieser Gesellschaft;

- weil wir weitere Eigenschaften haben (wie beispielsweise *sensation seeker* zu sein), die in Konflikt stehen zu unserer hochsensiblen Natur;

- weil unser Nervensystem äußerst empfindlich auf alltägliche Reize (wie z. B. Begegnungen) und Probleme reagiert, wodurch das Basisgleichgewicht schnell gestört wird; chronische Überreizung kann damit zu Burnout führen.

Heute können wir das Kind, das wir einmal waren, umsorgen.
Wir können es in unsere Arme oder auf unseren Schoß nehmen und mit ihm reden. Wir können ihm sagen, warum es damals so traurig war und warum es so viel Wut und Angst in sich hat. Wenn das innere Kind es zulässt, können wir es streicheln, umarmen, liebkosen.

Vielleicht erlebst du so etwas wie Edith, die ihre Begegnung mit dem inneren Kind folgendermaßen beschrieb:

In meinen Gedanken kam zuerst ein Bild von mir selbst als dreijähriges Mädchen auf. Ich bat sie, sich auf meinem Schoß zu setzen, die Beine zur Seite und die rechte Körperseite an mich gelehnt und meine Arme um sie herum. Sie saß da wie versteinert und starrte vor sich hin, als wäre sie von so viel Schmerz und Elend überwältigt und hätte einen solchen Sturm von Emotionen erfahren, dass sie erschöpft und gefühllos war. Ich konnte spüren, dass sie eigentlich sehr betrübt war, weil ihr die Welt so lieblos erschien und sie mit niemandem in Liebe zusammen sein konnte. Ich sagte ihr, dass ich sie so sehr lieb habe. Ich habe sie ganz fest gehalten und gesagt, dass ich immer für sie da sein werde.

Traumata der Schulzeit verarbeiten

Seit meiner Jugend lasse ich mich sehr schnell von starken Persönlichkeiten einschüchtern. Jedenfalls von Menschen, die stark erscheinen, aber wahrscheinlich auf anderen Gebieten auch unsicher sind. Angeber, Menschen mit lauter Stimme, die auf alles eine Flut von Antworten haben. Ich reagiere zaghaft und ängstlich auf viele Menschen. Und ziehe mich zurück.

Alles stürmt so heftig bei mir nach innen, dass ich mich schüchtern und vorsichtig nach außen zeige. Bis zu meiner heutigen Lebenszeit bin ich immer auf der Hut gewesen und ein bisschen gestresst, um mich selbst zu beschützen.

(Sophie, Rentnerin, 64 Jahre alt)

Stehst du vielleicht ebenfalls lieber nicht im Mittelpunkt der Aufmerksamkeit? Machst du um Konflikte einen großen Bogen? Tust du in Gesellschaft „so, als ob", und spielst eine Rolle, die du glaubst spielen zu müssen? Verunsichern dich offenkundig selbstsichere Menschen?

Meidest du große Gruppen? Bewertest du dich selbst oft unerbittlich streng? Manche Hochsensible neigen dazu, sich anzupassen; andere versuchen gerade im Gegenteil, aufzufallen durch Anderssein.

Uns ist generell zu wenig klar, welchen Schaden die Schule bei Kindern mit fragilem Selbstvertrauen anrichten kann. Gerade durch den ständigen Umgang mit anderen Kindern (unter denen in der Regel einige dominante sind) entwickeln Scharen von Kindern eine fast unumkehrbare Unsicherheit und häufig tiefe Seelennot. Hast auch du vielleicht deine Schulzeit so in Erinnerung?

Hochsensible Kinder benötigen Zeit, um sich zurückzuziehen, damit sie sich selbst finden und auftanken können. Diese Zeit fehlt strukturell, heute noch mehr als früher. Darüber hinaus sind Kinder untereinander gnadenlos in ihrer Kritik. Geht es um das Phänomen des „Dazugehörens", gibt es unter Kindern ein raffiniertes Straf- und Belohnungssystem. Nur wenige Kinder scheinen den Mut, die Kompetenz und das Selbstvertrauen zu haben, sich über solche Spielregeln des Gruppenzwangs und Gruppenverhaltens hinwegzusetzen.

Dazu fehlt insbesondere die Unterstützung von struktureller Seite in den Schulen. Und spezielle Unterstützung ist gerade dafür nötig, zu lernen, dass Originalität und Unverwechselbarkeit entscheidend dazu beitragen können, Kompetenzen zu entwickeln. Kinder sind einander intensiv ausgeliefert, werden aber zu wenig in diesem wichtigen Umgang miteinander angeleitet. Hochsensible Kinder stehen durch die langen Schulzeiten, den hohen Leistungsdruck und den Mangel an psychologischer und spiritueller Betreuung in vieler Hinsicht permanent unter Stress. Die Schulsysteme täten gut daran, ethische, spirituelle und psychologische Fächer auf den Stundenplan zu setzen, damit auch Fähigkeiten wie Respekt, Liebe, Zusammenarbeiten und Einfühlungsvermögen gelernt werden.

Viele Hochsensible vertrauten mir an, das sie spätestens zu der Zeit, als sie die mittlere Reife erreichten, von starken Gefühlen der Unsicherheit, Minderwertigkeit, Einsamkeit und Angst gequält wurden. Auffallend ist auch, dass nahezu alle Hochsensiblen als Kinder diese Unsicherheiten für sich behielten. Viele Eltern hatten offenbar keine Ahnung von den destruktiven Gefühlen und Gedanken ihrer Kinder. Marlies habe ich bereits erwähnt. Sie sagte mir dazu:

> *Indem ich mich schon vor meinem fünfzehnten Lebensjahr ununterbrochen bemühte, den Erwartungen der Außenwelt zu entsprechen, habe ich viele Gefühle und Erlebnisse für mich selbst falsch übersetzt. Dadurch habe ich ein extrem niedriges Selbstbild entwickelt, so dass ich mich nicht verstand und keinen Respekt empfand für meine Art zu fühlen, zu denken, zu tun und zu lassen.*

> *Mein Lebensstil ist inzwischen das Entgegengesetzte von dem der meisten modernen jungen Leute. Ich gehe selten aus und kann mir*

eigentlich neben meinem Studium keinen Nebenjob erlauben. In den Augen von Gleichaltrigen bin ich wohl äußerst langweilig und uninteressant. Ich fühle, dass ich viel Mut aufbringen muss, um mich zu meinen Nöten und Vorlieben zu bekennen. Ich tue nach Kräften mein Bestes, um keine Vorurteile über mich bestehen zu lassen.

(Marlies, 23 Jahre alt)

Nicht nur hochsensible Kinder leiden. Unser ganzes Zusammenleben beruht auf Urteilen und inneren Verurteilungen, die unsere Innenwelt zu einem Schlachtfeld machen. Untersuchungen zeigen, dass Frauen gemittelt 35-mal pro Tag denken, dass sie hässlich seien. Dieses Ergebnis ist schockierend und sehr traurig.

Sehr viele Hochsensible sind ihr ganzes restliches Leben mit der Aufgabe beschäftigt, die Traumata ihrer Schulzeit zu überwinden – und sich selbst und ihr Selbstwertgefühl wieder herzustellen und in Ehren zu halten.

Perlen entstehen lassen

Jeglicher „Mist" kann zu etwas Kostbarem umgeformt werden. Wer in seiner Jugend viel Selbstvertrauen eingebüßt hat, kann lernen, Perlen zu machen.

Wer kennt sie nicht: Perlen, die begehrten Schönheiten aus dem Ozean? Nur in einer von 15.000 Perlenaustern formt sich eine Perle. In Indien dient die Perle als Talisman. Bei den Mongolenstämmen gilt ein Perlen-aufguss als potenzsteigerndes Mittel. Perlen und Perlmutt ergeben einen außergewöhnlich betörenden Schmuck und scheinen Frauen schöne Träume zu bereiten. Auch bei den Römern galt die Perle als Symbol für Macht, Weisheit und Glück.

Die Perle entsteht als Reaktion auf eingedrungene fremde Teile ins Innere der Muschel. Die kluge Lektion, die man aus dem Leben der Perlenauster ziehen kann, ist: Man kann aus der banalsten Gemeinheit etwas Schönes machen. Mit Austerngeduld und Austernliebe kann man auch nachträglich lernen, sich selbst wertzuschätzen. Untersuche deine abträglichen Denkmuster daraufhin. Mit der folgenden Übung und im nächsten Kapitel helfe ich dir dabei.

Übung: Austernliebe

Nimm dir etwas Zeit, um zu untersuchen, was dein innerer Kritiker die meiste Zeit zu dir sagt. Nimm dir Papier und Stift und schreibe möglichst viele Sätze, Meinungen und Vorurteile auf, die du über dich selbst denkst. Du kannst verschiedene Bereiche Revue passieren lassen: Aussehen, soziales Verhalten, Beruf, Kontakt mit Freunden, deine Funktion als Elternteil usw.

Sobald ein Blatt voll ist, überlege: Inwieweit kennst du den Ursprung von bestimmten Sätzen? Ist das vielleicht – einmal oder öfter – explizit zu dir gesagt worden? Gab es einen Vorfall, der dich zu dieser Überzeugung gebracht hat? Es ist gut möglich, dass du Unsicherheit und Kritik unbewusst von einem Elternteil übernommen hast. Es ist in Ordnung, wenn du bestimmte Überzeugungen nicht einordnen kannst.

Was spürst du, wenn du diese Sätze aussprichst? Reagierst du mit Angst, Wut oder Trauer?

Versuche, die Gefühle hinter den Urteilen zu wecken, so dass du erkennst, was diese destruktiven Gedanken mit dir machen.

Schreibe schließlich die Sätze in positive Affirmationen um und sage diese täglich laut dir selbst. Auch wenn du es anfangs nicht glaubst – sie werden im Lauf der Zeit mehr und mehr mit Inhalt gefüllt werden.

Diese Übung dient nur der Bewusstmachung – dazu, dir klar zu machen, wie oft du dich selbst untergräbst. Nimm dir wirklich viel Zeit, die Übung auf dich wirken zu lassen. Je klarer du die Selbstkritik nun vor Augen hast, desto besser erkennst du sie in anderen Momenten. Vertraue darauf, dass du irgendwann diese elenden Sätze lachend grüßen wirst. Wenn du weißt, dass eine Auster aus ihrem Elend eine prächtige Perle macht, kannst du dann auch deine Selbstkritik in deinem Innern annehmen und liebevoll grüßen, so dass sie zu einer Perle heranwachsen kann?

Alte Automatismen:
Verdrängen und Kompensieren

Solange wir noch unbewusst leben, führen (und erleiden!) wir ein unfreies Leben. Wir sind nicht authentisch und nicht richtig in Harmonie mit unserer wahren Natur.

Viele unserer grundlegenden Reaktionen laufen automatisch ab; wir haben sie uns einst antrainiert, weil sie irgendwann einmal effektiv waren. Häufig sind dies Versuche, den wahren Schmerz zu verdrängen oder zu kompensieren. Um unerträglichen Schmerz nicht zu fühlen, greifen wir zu einem Reaktionsmuster, das sich weit sicherer anfühlt. Häufig sogar befriedigend anfühlt. Derartige Muster haben wir uns einst – selbständig und in der Kommunikation mit anderen – beigebracht.

Es sind vor allem die intensiven Erlebnisse (Bedrohung, Einsamkeit, Unsicherheit), die uns auf Autopilot umschalten lassen. Die bekanntesten Reaktionsmuster sind:

* Ich fühle mich wie ein Häufchen Elend

Ich werde das machtlose Opfer der Situation. In mir kommen alle möglichen Erklärungen und Entschuldigungen auf, in einer Woge aus Selbstmitleid: „Ich muss auch immer alles machen!" – „Niemand hilft mir." – „Reagiere dich ruhig an mir ab, das tust du ja immer." – „Niemand kümmert sich um mich!"

* Ich gehe auf Distanz

Ich vermeide Kontakt und ziehe mich aus der Kommunikation zurück. Ich vermeide Augenkontakt und weiche der Situation aus, wenn es schwierig wird. „Ich warte besser, bis es vorbei ist." – „Darauf habe ich keine Lust, das berührt mich nicht." Negative Gefühle – Unsicherheit, Angst, Kränkung und dergleichen – werden versteckt.

* Ich werde tyrannisch oder grob

Ich reagiere instinktiv aggressiv und wehre mich meiner Haut. Alle Formen (verbaler) Gewalt fallen darunter. Dazu gehört auch, dem anderen nicht zuzuhören. „Wer denkst du überhaupt, wer du bist?" – „Ich lasse mir von dir doch nicht die Leviten lesen." – „Du kannst krepieren von mir aus." Auch Machtspiele gehören zu diesem Reaktionsmuster. Eltern bedienen sich dieser Technik regelmäßig, wenn sie sich machtlos fühlen.

* Ich beginne zu kritisieren

Ich fühle mich besser und klüger; ich bin überzeugt, dass nur ich den Durchblick habe. „Ich werde dir mal erzählen, wie die Sache aussieht", denkst du dann, denn du bist sicher: „Ich weiß es doch einfach besser." Du übst Macht über den anderen auf sehr rationaler Ebene aus, im Gespräch meistens mit (allein durch den Verstand, die Ratio, bewirkten) Argumenten.

Übung

In welchen Reaktionsmustern erkennst du dich wieder?

(Betrachte kürzlich geschehene Situationen im Licht dieser Reaktionsmuster.)

_____

_____

_____

Versuche, kürzlich geschehene Situationen im Licht dieser Reaktionsmuster zu beschreiben:

_____

_____

_____

Kannst du nun aufspüren, welches Gefühl dem zugrunde lag?

_____

_____

_____

Alles willkommen heißen

Die Erkenntnis, hochsensibel zu sein, ist für mich ein wichtiger Aspekt, um mich selbst zu akzeptieren. Wenn ich das im Hinblick auf eine Beziehung weiterverfolge, denke ich, ein Partner müsste immer Rücksicht auf mich nehmen. Aber bin ich für das Zusammenleben mit jemand anderem nicht zu schwierig oder zu langweilig? Weil ich mehr Ruhe und Stille brauche?

Ich fühle mich dann völlig unsicher und gerate fast in Panik. Offensichtlich sehe ich mich noch nicht so ganz als wertvollen Mann an, der einer Frau etwas zu bieten hat.

(Gerard, 41 Jahre alt)

Manche Situationen stellen uns vor große Herausforderungen. Sich Vorwürfe zu machen oder sich schuldig zu fühlen, sind Ablenkungen, die oft das wahre Gefühl verbergen. Manche Situationen sind nun einmal schwierig und in manchen Fällen fühlen wir uns ganz klein. Dies anzuerkennen und zu akzeptieren, ist ein Weg zur Heilung.

Kommuniziere mit den schmerzenden Bereichen in dir. Dein wahrnehmendes ‚Ich' kann mit diesem *Gefühl* ein Gespräch beginnen. Urteile nicht über dieses Gefühl! Um in den kummervollen, ängstlichen oder schmerzenden Bereich zu gelangen, kannst du dich still hinsetzen oder legen und deine Hände dorthin gehen lassen, wo du das Gefühl am stärksten spürst.

Wenn du deine Gefühle und ängstlichen Gedanken *für dich selbst akzeptierst*, kannst du anderen dieses Gefühl ohne Vorwürfe oder Erwartungen beschreiben. Wenn du dich nicht verurteilst, gibt es keinen Grund für andere, dich zu verurteilen. Geringschätzung beginnt oft mit unserem eigenen Mangel an Selbstvertrauen. Greife andere nicht an, dann wirst du auch nicht angegriffen. Öffne dich, dann wird der andere sich von selbst öffnen.

Emotionen, die du fühlst, die dich regelmäßig in ungewünschten Turbulenzen werfen, können sich auflösen, wenn du sie annimmst. Durch *Akzeptanz*. Indem du sie nicht einfach übergehst, sie nicht wegdrücken willst. Angst darf gefühlt werden, Wut darf gefühlt werden, Trauer darf gefühlt werden, Schuld darf gefühlt werden …

Was Dir hilft, den schwierigen Gefühlen Raum zu geben, ist die Erkenntnis: Du bist nicht das Gefühl. Du bist mehr als die Angst, als die (alte) Trauer, als der Schmerz. Du bist prinzipiell eine Seele, die sich verbinden will mit Liebe, Frieden und Licht. Emotionen sind nicht der Kern deines

Wesens. Dein Kern ist etwas viel Mächtigeres, Umfassenderes, Tieferes – etwas, das unbeschreiblich ist. Wogegen du dich wehrst, das bleibt; was du akzeptierst, das kannst du loslassen.

Ein Teil der Lösung besteht in der Erkenntnis, dass eine Welle in dir aufkommt, über die du keine Kontrolle hast. Diese Welle kannst du von deiner Person abkoppeln. Du bist nicht die Welle. Sie mag dich überspülen, aber du selbst bist nicht sie. Emotionen spielen mit dir wie der Wind mit deinen Haaren.

Versuche zu lokalisieren, wo genau du eine Emotion fühlst. Versuche, sie aus deinem Kopf, aus deinem Denken, aus deinem Verstand herauszuholen, wenn du ein eher rationaler Mensch bist. Fühlst du etwas im Magen? Im Herzen? Im Darm? Und wie fühlt sich das genau an?

Es gibt zahllose Gründe, warum wir aufhören, etwas zu fühlen. Oft landen wir dann in einer ganz kleinen Erlebenswelt, die ‚Verstand' heißt: Alles wird rationalisiert. Hochsensible, die sich abhärteten, weil sie als zu empfindlich empfunden wurden, zu schmerzhafte Erfahrungen machten oder in einer sehr rational eingestellten Umgebung heranwuchsen, können lernen, wieder zu mehr Ausgeglichenheit zu gelangen, indem sie sich auf das Gebiet der Gefühle wagen, auf das Gebiet sinnlicher Erfahrungen, auf das Gebiet der Spiritualität …

Unsere Familie musste als vorbildliche Familie funktionieren. Eine warme Atmosphäre fehlte. Dazu kam, dass ich als kleiner Junge durch

einen Sturz wochenlang im Krankenhaus liegen musste. Nur einmal
pro Woche bekam ich Besuch. Besonders mein Vater war ziemlich sach-
lich. Einer seiner Sprüche war: „Du musst nach dem Höchsten greifen.“
Dadurch hatte ich mir in Studium und Beruf ziemlich viel vorgenom-
men. Ich schlug die kaufmännische Richtung ein. Ich frage mich jetzt,
ob angesichts meiner Hochsensibilität diese Wahl richtig war. Vor drei
Jahren hatte ich ein Burnout, weil ich mich all die Jahre davor übernom-
men hatte. Der Arzt, den ich damals regelmäßig sah, sagte mir, dass
ich beinahe hundert Prozent Ratio sei und fast null Prozent Gefühl.
Die ganzen Jahre hatte ich einen Panzer getragen, ohne es zu wissen.

Es ist klar, dass das für meine Hochsensibilität fatal war. Sie wurde nie
erkannt, mit allen Folgen, die sich daraus ergeben. Seit der Zeit wende
ich viel Zeit für das Entwickeln meiner Gefühlsseite auf und es fallen
so einige Puzzlestückchen an ihren Platz. Die Entwicklung läuft zwar
manchmal mit Rückschlägen, doch ich lasse mich durch nichts abhal-
ten. Langsam bekomme ich das Gefühl, dass ich ich selbst werde.

(Edgar, 54 Jahre alt)

Der Weg zu einem erwachsenen Gefühlsleben und einer erwachsenen
Kommunikation führt über die Einsicht in unseren eigenen Anteil – und
über das tiefe Bewusstsein: Wir sind jetzt erwachsen und dürfen alles
auf unsere eigene Art tun und lassen.

Übung: Herzmeditation

Entspanne dich im Sitzen oder Liegen und lasse deinen Atem entspannt in die Brust und wieder hinaus strömen. Verbinde dich mit deinem Herzen inmitten deiner Brust.

Stelle dir vor: In deinem Herzen brennt eine kleine Kerze. Die Flamme wird mit jeder Atmung größer und strahlender. Und während das Licht immer strahlender wird, stellst du dir vor, wie sich deine Brust mit warmer Energie füllt ... in der Mitte deiner Brust ist ein geöffnetes Fenster, durch das Energie nach Außen strömt. Je mehr Licht und Energie nach außen strömen, desto erfüllter fühlt sich dein Herz an. Gedanken und Gefühle, die in diesem Moment hochkommen, können mit dem Atem und der Energie nach außen und in die weiten himmlischen Sphären strömen.

Lasse alles, was sich aus deinem Unterbewusstsein ankündigt, zurückkehren zur Quelle von allem, was ist. Du kannst, während du heilende Energie ein und ausatmest, deinen Segen für die ganze Welt aussprechen. Dankbarkeit und Vertrauen einatmen, Freude und Liebe ausatmen.

Mut

Mut ist nicht das Freisein von Angst. Mut ist: Angst zu spüren und doch weiterzugehen ...

Bei vielem, zu dem Menschen heutzutage herausgefordert werden, geht es um das Zeigen von *Mut*.

Mut zu zeigen ist eine wichtige Aufgabe für die kommenden Generationen.

Mut, um neue Denkweisen zu wählen.

Mut, um Dinge anders zu tun.

Mut, um auf sich selbst zu achten und nicht auf andere zu zeigen.

Mut, um Angst in Liebe umzuwandeln.

Mut, um von außen nach innen zu gehen und den von uns selbst geschaffenen Dämonen ins Auge zu schauen.

Mut ist nicht das Freisein von Angst – Mut ist: trotz Angst sich zu entschließen, weiterzugehen.

Ich selbst habe vor einiger Zeit folgende Frage in meinen Lebensweg eingebaut: *Treffe ich diese Wahl aus Angst oder aus Liebe?* Und meine Devise lautet: Niemals aus Angst etwas tun oder lassen! Wenn du all dem Gemecker und den Klagen um dich herum zu viel Beachtung schenkst, wirst du von Negativität angesteckt. Menschen reden einen Haufen Unsinn. Lass dich dadurch nicht ablenken.

Gedanken und Worte sind Energie. Es ist wichtig, sorgfältig mit Gedanken und Worten umzugehen. Wird es zu viel, bleiben negative Gedanken und Worte in deinem empfindlichen System als negative Energie hängen. Und nicht nur das; auch andere empfinden deine untergrabenden Gedanken und Sorgen und deine Kritik als lästig. Was hast du davon? Nichts. Schlicht und einfach gar nichts.

Nachrichtensendungen sind ein gutes Beispiel dafür, wie es nicht sein sollte; doch wir sind süchtig nach Nachrichten über Krieg, Katastrophen und Hass. Wir konsumieren diese Portion Negativität nur all zu gerne schon zum Frühstück – und nennen das dann auch noch ein gesundes Frühstück!

Statt dich zu ärgern und zu sorgen, und deine Ängste und Sorgen zu nähren, könntest du dich auch inspirieren lassen durch (häufig nicht auffallende) mutige Menschen, die Großes in Bewegung gesetzt haben. Es gibt so viele inspirierende, mutige Menschen, die phantastische Initiativen entwickeln. Wenn du an sie denkst, hellt sich dein Gemüt unmittelbar auf! Ja, du wirst angespornt, freudig aufzuspringen und selbst etwas zu unternehmen.

Jemand, der mich inspiriert hat – da brauche ich nur an den Namen zu denken und ich fühle einen warmen Strom von Motivation und Glück durch mich hin fließen – ist Mohammed Yunus, der wegen seiner Kredite für die Ärmsten der Armen den Nobelpreis erhielt. In einem Vortrag, den ich besuchte, sagte er:

> *Mein Erfolg kommt, weil ich genau das tue, was alle anderen Banken nicht tun: ich gebe den Armen Kredite und ich gebe Frauen Kredite. Ich warte nicht, bis Menschen zu unserer Bank kommen. Ich gehe auf die Menschen zu. Meine Bank beschäftigt keine Rechtsanwälte, denn die Basis meiner Kredite ist Vertrauen. Dafür sind keine komplizierten Papiere nötig wie bei anderen Banken. Im Gegensatz zu normalen Banken bekommen bei mir die armen Menschen hohe Kredite. Und nicht all die Reichen.*

Wir brauchen nur unseren Aufmerksamkeitsfokus zu verlegen, und schon können wir uns an diesen und anderen Informationsquellen laben! Wir müssen die Latte nicht so hoch legen wie Yunus. Es geht auch bescheidener. Aber die Kraft dahinter muss klar sein: Sei authentisch, wage, du selbst zu sein, und wage, mutig zu sein. Lebe – und beginne das schon in Gedanken – als ein positives Vorbild, und inspiriere dazu auch deine Umgebung.

Als Niederländerin im Ausland wird es mir – durch den Abstand – sehr deutlich: Die Niederlande ertrinken beinahe in ihren eigenen Klagen und Murren. Alles und jeder ist schuld am Unheil, die Schulen, das Gesundheitswesen, die Ausländer, und vor allem die Politik. Doch wer nimmt seinen eigenen Anteil daran, sein negatives Denken, wahr? Trägt nicht jeder sein Scherflein zu den Missständen und Problemen bei?

Alex Brenninkmeijer, der nationale Ombudsmann, sagte zu Recht:

„Es ist besser, selbst ein kleines Licht anzuzünden, als immer nur über die Dunkelheit zu klagen."

Höre auf zu denken, dass alles falsch ist.

Höre auf darüber nachzudenken, wie viel Unheil, Leid und Kriege es gibt.

Höre auf zu denken, dass dir alles immer missglückt.

Höre auf zu denken, dass niemand Fehler machen darf.

Höre auf zu denken, dass es immer nur bergab geht.

Höre auf zu denken, dass die Welt untergeht.

Stimme dich ein auf dein höheres Bewusstsein. Probleme lassen sich nicht auf dem Niveau lösen, auf dem sie entstanden sind. Sie verlangen, dass du über dich hinauswächst und auf eine höhere Ebene gelangst.

Übung: Dein Stern leuchtet ...

Nimm dir einen Moment Zeit und stelle dir die Frage: Was ist wirklich wichtig für mich? Stelle dir vor, dass du nur noch einen Tag zu leben hast, und du alle Ziele, Wünsche, Sorgen und lieb gewonnenen Menschen loslassen musst ... Was ist zur Erfüllung deines tiefsten Herzenswunsches unentbehrlich gewesen? Aus welchen Gründen bist du hier auf die Erde gekommen und hast dich als Mensch inkarniert? Was ist dein Ziel auf dieser Erde? Versuche, zum Wesen deiner einzigartigen Natur vorzudringen; notiere die Eindrücke, die in dir aufkommen.

Meditation: Reise zu deiner inneren Schatzkammer

Diese Meditation erfordert ein offenes Herz und eine tiefe Bereitschaft, sich nach innen zu wenden. Wir müssen dabei die Begrenzungen des denkenden Verstands loslassen und in die Welt der Symbole eintreten. Lege dich für diese Meditation hin. Nimm dir Zeit, dich auf deine Atmung zu konzentrieren. Entspanne deinen Körper und gehe mit deiner Aufmerksamkeit nach innen, zum

Herzchakra. Nimm dir Zeit, dort anzukommen und alles zu spüren, was es da zu spüren gibt.

Lasse die Aufmerksamkeit dann in ein darunter liegendes Gebiet sacken, in dein Harachakra im Becken. Dieses Chakra befindet sich zwei Daumendicken unter dem Nabel. Nimm dir Zeit, um hier anzukommen und seine Farben und Energien wahrzunehmen. Die Energie dieses Zentrums ist mit den Sexualorganen und deiner Ursprungsgeschichte verbunden. Das ist der mystische Mutterschoß, aus dem nicht nur du, sondern das ganze Universum geboren wurde.

Stelle dir nun vor, dass sich hier eine Treppe nach unten befindet, und gehe diese Treppe Stufe für Stufe hinunter. Du kannst dir dabei einen Tunnel vorstellen, der die Reise zum Ursprung des Lebens symbolisiert. Sinke tiefer und immer tiefer in dein Unterbewusstsein. Gehe so tief, bis du am Ende der Treppe eine Tür antriffst. Nimm dir die Zeit, dir diese Tür vorzustellen. Gehe dann durch die Tür nach innen. Du bist jetzt im innersten, geheimen Ursprung deiner Existenz angekommen. Dies ist deine Schatzkammer; hier findest du alles, was dir gehört und was mit dir inkarniert ist.

Schaue dich ruhig um. Bilder, Worte, Symbole, Gefühle ... du kannst hier alles antreffen. Nimm dir Zeit, um hier zu verweilen und die Schätze zu entdecken, die in deinem Innersten verborgen liegen. Wenn du dazu bereit bist, begebe dich auf die Rückreise nach oben. Nimm Stufe um Stufe nach oben. Komme in deinem Hara im tiefsten Innern deines Bauches an. Verweile hier noch einen Augenblick. Verlege dann langsam den Aufmerksamkeitsfokus auf die Geräusche der Alltagswirklichkeit. Öffne nun die Augen.

Du kannst von den Eindrücken, die du empfangen hast, ein Bild malen oder eine Geschichte schreiben.

....

Aufmerksam sein bedeutet für mich ...

Weich werden, wenn ich mich verhärte.

Mit offener Bewusstheit geduldig abwarten, sobald ich bemerke, dass ich auf meine ranghöhere Position poche oder wie ein Karrierist meinem Ziel nachjage.

Mich abstimmen mit meinem höheren Selbst, meinen subtilen Begleitern oder einer liebevollen Macht, die mich unterstützt, sobald ich das Gefühl habe, mich zu verirren.

Sorgfältig werden, sobald ich spüre, dass ich nachlässig bin.

Aufmerksam zuhören, sobald ich merke, dass nur noch ich spreche.

Langsamer werden, sobald ich merke, dass ich mich gejagt fühle und zu schnell bin.

Mich zeigen, sobald ich merke, dass ich mich verstecke.

Unterschiede anerkennen, sobald ich merke, dass ich engstirnig werde.

In Begriffen von Überfluss denken, sobald ich um mich herum nur noch Begrenzungen und Mängel sehe.

Das höchst erreichbare Niveau angehen und andere auch dazu ermutigen, sobald ich merke, dass wir unterhalb unserer Fähigkeiten denken und handeln.

Bewusst anwesend sein, sobald ich merke, dass meine Aufmerksamkeit irgendwo anders ist.

Urteilslos sein, sobald ich merke, dass ich voller Vorwürfe und Urteile bin.

Meine Wahrheit aussprechen, sobald ich merke, dass ich mich selbst anpasse oder meine Position untergrabe.

Missverständnisse auflösen, sobald ich merke, dass ich nicht richtig verstanden wurde oder vermute, den anderen nicht richtig verstanden zu haben.

Mich ständig neu für Zusammenarbeit und Engagement entschließen, sobald ich merke, dass mich Dinge nicht mehr berühren, zum Alltagstrott werden oder ich Widerwillen empfinde.

Mich selbst anerkennen, sobald ich merke, dass ich mich herabsetze, gering achte oder als unwürdig erachte.

Loslassen, sobald ich krampfhaft an etwas festhalte.

Und schließlich: ausruhen, sobald ich merke, dass ich müde bin.

Über die Autorin

Susan Marletta-Hart (*1971) schrieb 2003 das Buch *Leben mit Hochsensibilität, Herausforderung und Gabe* (Übers. 2009, Aurum), das unmittelbar zum Bestseller wurde und inzwischen ein *Dauerseller* ist. Sie gilt mittlerweile als Autorität auf dem Gebiet der Hochsensibilität. Neben dem Verfassen von Büchern gibt sie Kurse, Vorträge, Workshops und coacht Hochsensible online. Mehr Information auf:

www.susanmarlettahart.com

oder E-Mail an: *office@susanmarlettahart.nl*

Über die Sprecherin

Jennie Appel ist ausgebildete Studio-sprecherin und seit Jahren auf einem spirituellen Weg, der schamanische Energiearbeit und naturreligiöse Wege vereint. Zusätzlich zu Ihrer Sprechertätigkeit arbeitet sie als psychologische und energetische Beraterin in Bielefeld und Frankfurt. Deutschlandweit bietet sie auch Fernsitzungen und Seminare an.

Bei dieser CD, die ihr aufgrund ihrer eigenen Hochsensibilität sehr am Herzen liegt, ist sie den Regieanweisungen Susan Marletta-Harts gefolgt, um genau den Ton zu treffen, den die Autorin sich vorgestellt hat.

www.schmetterlingsenergie.de

www.meine-meditation.de

...hier geht's weiter!

Verehrte Leserin, verehrter Leser,

wir laden Sie herzlich ein, mit uns neue, inspirierende und multimediale Wege zu gehen.

ONLINE

informieren – austauschen – mitwirken – begegnen

Nutzen Sie die vielen Möglichkeiten unserer Website.

- Info-Pakete & Online-Kurse
- Mitschnitte & Tageslosungen
- Aktionen, Foren & Newsletter
- Communities in „mein.weltinnenraum.de"
- Blogs und Vlogs, u. ä.

Wir freuen uns auf Sie
Ihr

Joachim Kamphausen, Verleger